Prominente Protestanten

JÜRGEN ISRAEL

Prominente Protestanten

von Martin Luther bis heute

EVANGELISCHE VERLAGSANSTALT
Leipzig

Covermotive (v. l. n. r.):
Gustav Adolf: akg-images, Delff nach Mierevelt
Dietrich Bonhoeffer: epd/Gütersloher Verlagshaus
Johann Sebastian Bach: Stadtgeschichtliches Museum Leipzig
Marion Gräfin Dönhoff: akg-images
Regine Hildebrandt: dpa/Berlin Picture Gate
Albert Schweitzer: akg-images
Dorothee Sölle: privat
Martin Luther-King: akg-images

Die Deutsche Bibliothek – Bibliographische Information
Die Deutsche Bibliothek verzeichnet diese Publikation in der Deutschen Nationalbibliographie; detaillierte bibliographische Daten sind im Internet über http://dnb.ddb.de abrufbar.

Printed in Germany · H 7064

Cover: Georg Design, Münster
Layout: Jochen Busch
Druck und Binden: Arnold & Domnick, Leipzig

ISBN 3-374-02262-6
www.eva-leipzig.de

Inhalt

∴ Martin Luther ∴

** Eisleben 10. November 1483, † Eisleben 18. Februar 1546. Sohn eines Bergmanns; Besuch der Lateinschule, Studium der Philosophie und Rechtswissenschaft; 1505 nach einem Gelübde Eintritt in das Augustinerkloster Erfurt; 1507 Priesterweihe. 31. Oktober 1517 in Wittenberg Anschlag von 95 Thesen gegen den Missbrauch von Buße und Ablass, daraufhin 1518 Verhör vor dem Reichstag, 1521 vom Papst mit einem Bann belegt, Asyl auf der Wartburg, wo er das Neue Testament ins Deutsche übersetzte. Nach dem reformatorischen Aufbruch widmete er sich der Neuordnung des evangelischen Gottesdienstes, der Ausarbeitung eines Katechismus sowie dem Ausbau der Evangelischen Kirche.*

„Wie bekomme ich einen *gnädigen* Gott?" Diese quälende Frage trieb zu Beginn des 16. Jahrhunderts nicht nur den jungen Luther um. Durch ein gottgefälliges Leben, durch gute Werke, Fasten, Opfern und sogar durch den Kauf von Ablassbriefen versuchten die Menschen, Gott gnädig zu stimmen und sich das ewige Heil zu erwerben. Diese nach katholischer Auffassung überschüssigen „Verdienste" vermochten Luther keine innere Gewissheit der Gerechtigkeit vor Gott zu geben. Der Tod war allgegenwärtig: Kriege, Seuchen und eine hohe Kindersterblichkeit führten eindringlich vor Augen, dass jedem Menschen Gottes Gericht bevorsteht. Die vielen Vorschriften und das streng geregelte gottesdienstliche Leben erschwerten es bis zur Mitte des Glaubens mit seiner erlösenden Botschaft vorzudringen. Seine reformatorische Erkenntnis – „der Gerechte wird aus Glauben leben" (Römer 1,17) – wies in eine völlig andere Richtung: Wir können uns das ewige Heil nicht verdienen, und – was viel befreiender wirkte – wir müssen es auch nicht. Christus hat uns bereits erlöst und uns Frieden mit Gott geschenkt. „Das erste und höchste aller edlen guten Werke ist der Glaube an Christus", bekannte Luther. Das zweite Werk aber nach dem Glauben ist, dass wir Gottes Namen ehren und seine Gebote halten. Die Sünden durch Werke büßen, das heißt: aufheben zu wollen, ist nichts anderes „denn der Türken, Heiden und Juden Glaube, die allesamt durch ihre Werke genugtun". Was nützen auch die schönen Beichtvorschriften, die uns das Seelenheil erkaufen sollen, wenn Gott sie nicht annimmt? Sie seien die „Butterbriefe", schrieb Luther 1530, „darin der Papst verkauft Freiheit, Butter, Käse, Milch, Eier zu essen und Macht gab, im Haus die Messe zu hören und sich in verbotener Weise zu verheiraten und einen Beichtvater zu wählen, sooft er wollte, in Lebens- und in Todesnöten von Pein und Schuld zu entbinden und dergleichen". – Von dieser zentralen Einsicht aus ergaben sich für Luther die anderen Forderungen der Reformation. Die Verzweiflung, die ihn im Kloster verzehrt hatte, war der Weg zu neuen Erkenntnissen: Luther erkannte, vor allem durch das Studium der Briefe des Apostels Paulus, dass der Mensch gerecht werde ohne des Gesetzes Werke, allein durch den Glauben. Das Wörtchen „allein", das Luther dem griechischen Urtext hinzugefügt hatte, brachte ihn bei seinen Gegnern in den Ruf der Schriftfälschung. Luther erwartete alle Veränderungen im Menschen selbst und in der Gesellschaft nur als Frucht des verkündigten Gotteswortes. Im Bauernkriegsjahr 1525 hielt er dem Humanisten Erasmus von Rotterdam diese Auffassung vom Wort Gottes entgegen: „… das Wort Gottes kommt, um die Welt zu wandeln und zu erneuern, so oft es kommt … Der Christen Aufgabe ist, dies unerschrockenen Herzens zu erwarten und zu tragen."

⁓ Friedrich der Weise ⁓

** Torgau 17. Januar 1463, † Schloss Lochau bei Torgau 5. Mai 1525. Kurfürst von Sachsen, modernisierte seine Kanzlei und die Verwaltung des Landes. Selbst vielseitig gebildet und an Kunst interessiert gründete er 1502 die Universität Wittenberg, wo Luther seit 1512 als Theologieprofessor lehrte. 1521 erwirkte Friedrich freies Geleit für Luther zum Reichstag nach Worms. Nachdem die Reichsacht über den Reformator verhängt worden war, gewährte Friedrich ihm auf der Wartburg sichere Unterkunft. Ohne seine zurückhaltende, dabei aber eindeutige Parteinahme für Luther hätte sich die Reformation nicht so schnell und erfolgreich durchsetzen können.*

Als im Jahre 1519 der deutsche Kaiser Maximilian starb, wurde ernsthaft erwogen, den sächsischen Kurfürsten Friedrich den Weisen zu seinem Nachfolger zu wählen. Der Papst war einer der Förderer dieses Planes. Dass dieser Plan nicht umgesetzt wurde, lag nicht zuletzt an der Haltung Friedrichs selber, der die Grenzen seiner Möglichkeiten kannte. Er war nicht der Mann schneller Entschlüsse; stets war er vorsichtig, zurückhaltend und bedächtig. Zugleich hatte er realpolitischen Spürsinn und das Geschick, seine landesherrschaftlichen Interessen zäh zu verteidigen. Die Friedensliebe, die Martin Luther an seinem Kurfürsten so lobte, hing mit jenen Eigenschaften zusammen. Sie bestimmten auch sein Verhalten Martin Luther gegenüber. Im Grunde war er noch in der katholischen Kirche des Mittelalters beheimatet. Der Ablass, den Martin Luther so gering geachtet hat, war ihm sehr viel wert. Für seine Schlosskirche sammelte er von allen Orten Reliquien, durch deren andachtsvolle Verehrung sich der Fromme schließlich viele hundert Jahre Ablass erwerben konnte. – Man fragt sich, wie gerade er der Schirmherr Martin Luthers geworden ist. War es nur das Wohlwollen für den Mann, der seine Universität berühmt gemacht hat? Das wäre wohl zu wenig. Eher wird es sein Gerechtigkeitsgefühl gewesen sein; er wusste sich dafür verantwortlich, dass jenem Wittenberger Theologen Recht geschehe. Martin Luther sollte nicht ungehört und ohne sich verteidigen zu können verurteilt werden. Er wollte ihm die Möglichkeit verschaffen, sich vor einem unparteiischen Gericht zu verantworten. Vorher glaubte er ihn nicht fallen lassen zu können. So kam es zu einer Politik des Abwartens und Hinhaltens. Er identifizierte sich nicht mit Luther, mit dem er nie auch nur wenige Worte gewechselt hat, dessen Werke er nur zum geringen Teil kannte; aber er drang auf eine ordentliche und neutrale Gerichtsverhandlung. Und gerade diese Politik der geduldigen Vorsicht hat das Leben des Reformators nach menschlichem Ermessen gerettet. Dass Martin Luther auf dem Reichstag zu Worms gehört wurde, dass er auf der Wartburg vor den Folgen der Reichsacht bewahrt blieb, ist seinem Kurfürsten zu danken. – Wieweit Friedrich der Weise Martin Luther innerlich gefolgt ist, wird wohl nie genau festzustellen sein. Wahrscheinlich hat er doch in Luther einen von Gott bevollmächtigten Zeugen der biblischen Wahrheit gesehen. Erst auf dem Sterbebett nahm er das Abendmahl in beiderlei Gestalt und legte damit auch ein persönliches Bekenntnis zur kirchlichen Reformation ab. Er starb kurz nach Ausbruch des Bauernkrieges und konnte daher die Festigung der neuen Kirche nicht mehr miterleben. Aber in seiner Stellung zu Luther wankte er nicht. Er blieb bis zuletzt sein Beschützer und Förderer.

∻ Albrecht Dürer ∻

** Nürnberg 21. Mai 1471, † Nürnberg 6. April 1528. Einer der vielseitigsten Maler, Zeichner und Kunsttheoretiker seiner Zeit. Nach der Goldschmiedelehre bei seinem Vater wanderte er an den Oberrhein, später in die Niederlande und zweimal nach Italien. 1496 erhielt er erste Aufträge von Kurfürst Friedrich dem Weisen. Dürer steht am Beginn einer moderneren Auffassung von Landschafts- und Porträtmalerei; die neu entstehende Druckgrafik verdankt ihm wichtige Impulse (Holzschnitte zur Apokalypse; Kupferstich „Ritter, Tod und Teufel“). Sein Werk prägt bis in die Gegenwart die Vorstellungen von deutscher Kunst seiner Epoche, die deshalb oft als „Dürerzeit“ bezeichnet wird.*

Im Zeitalter von Reformation und Renaissance wurden auch Kunst und Wissenschaft aus den Fesseln der mittelalterlichen Tradition gelöst. Der führende Mann der künstlerischen Befreiung war Albrecht Dürer. Als Sohn eines Goldschmieds wurde er in der Stadt geboren, die als Hochburg der humanistischen Renaissance galt, – Nürnberg. Dort ging er in die Lehre, dort wirkte er bis an sein Lebensende. Wie viele künstlerische Persönlichkeiten jener Zeit war Dürer außerordentlich vielseitig: Maler und Handwerker, Holzschneider, Kupferstecher, Festungs- und Brückenbauer zugleich. Von großem wissenschaftlichem Ehrgeiz getragen, hinterließ er ein umfangreiches Lebenswerk. – Der italienischen Kunst verdankt Dürer wesentliche Ideen, besonders in Hinsicht auf die Schönheit der Maßverhältnisse, sei es im menschlichen oder im Tierkörper („Feldhase" 1502), sei es in der Architektur. Mit seiner unbefangenen Sicht auf die Wirklichkeit der Natur steht er am Beginn der modernen Landschaftsmalerei. Auf seiner zweiten Italienreise lernte er das Werk Leonardo da Vincis kennen, dem er wichtige Anregungen entnahm. Während einer Reise in die Niederlande entstanden teilweise höchst dramatische religiöse Bilder, die eindringlich seine innere Anteilnahme an den religiösen Auseinandersetzungen der Zeit belegen. Er kam mit vielen Großen seiner Zeit zusammen, so mit den Kaisern Maximilian und Karl. Mit den Gelehrten Pirckheimer, Melanchthon und Erasmus war er befreundet. Nur Luther ist er zu seinem Leidwesen nie persönlich begegnet. – „Ich bitte, mich dem löblichen Dr. Martin Luther empfehlen zu lassen, der Christlichen Wahrheit halber, woran uns mehr liegen muss als an allem Reichtum und Gewalt dieser Welt, die alle mit der Zeit vergehen, aber die Wahrheit bleibt ewig bestehen. Und hilf mir Gott, dass ich zu Dr. Luther komme, so will ich ihn mit Fleiß konterfeien und in Kupfer stechen zu einem langen gewissen Gedächtnis des christlichen Mannes, der mir aus großen Ängsten geholfen hat. Und ich bitte Eure Würden, wenn Dr. Martin Luther etwas Neues geschrieben, das Deutsch ist, mir auf meine Kosten zu schicken." Die an Spalatin, den Hofkaplan Friedrichs des Weisen, gerichteten Worte sprechen für sich. – Die Passion Jesu Christi hat er mit leidenschaftlicher Anteilnahme gezeichnet, in Holz geschnitten und in Kupfer gestochen. Allein drei Passionsreihen sind uns erhalten, dazu ein Zyklus „Marienleben" und die gewaltige Holzschnittreihe zur Offenbarung des Johannes, ein ebenso einzigartiges wie kühnes Werk christlicher Kunst. – Das Werk Albrecht Dürers gehört zu den stärksten bildnerischen Zeugnissen der Christenheit. Luther sagt von ihm: „Was Dürer anbelangt, so ziemt es uns wohl, den besten, frommen Mann zu betrauern. Du aber magst ihn glücklich preisen, dass ihn Christus so erleuchtet und zu guter Stunde fortgenommen hat aus diesen stürmisch und wohl bald noch stürmischer werdenden Zeitläufen."

Lucas Cranach der Ältere

** Kronach (Oberfranken) 1472, † Weimar 16. Oktober 1553. Sohn eines Malers, bei dem er vermutlich die erste Ausbildung erhielt; reiste als junger Maler nach Wien, wo er zu den dortigen Humanistenkreisen Verbindung aufnahm, und in die Niederlande. Seit 1505 lebte er als Hofmaler des sächsischen Kurfürsten Friedrich des Weisen in Wittenberg, wo er eine große Werkstatt eröffnete; Freund Luthers und Anhänger der Reformation; leistete Hervorragendes als Porträtmaler (Luthers Eltern; Luther als Junker Jörg) sowie in der Einbeziehung der Landschaft zu Verdeutlichung und Intensivierung der Bildinhalte („Ölberg", „Ruhe auf der Flucht").*

Lukas Cranach, Maler, Druckerei- und Apothekenbesitzer in Wittenberg, war einer der engsten Freunde und Vertrauten Luthers, sein Brautwerber, Trauzeuge und Taufpate seiner Kinder. Cranachs künstlerische Bedeutung ist mit seiner Verbindung zu dem Reformator eng verknüpft. Ihm verdanken wir nicht nur eine ganze Reihe von Lutherbildnissen aus den entscheidenden Jahren der Reformation, sondern auch die Porträts der Eltern Luthers, seiner Familie und Freunde. Auf dem Wittenberger Stadtkirchenaltarbild steht Melanchthon am Taufbecken, Bugenhagen sitzt im Beichtstuhl, und Luther steht auf der Kanzel. – Cranach ist eine leicht fassbare Erscheinung: fest und charaktervoll, bisweilen auch etwas einseitig und bürgerlich in Malweise und Empfindung. So eng er mit Luther befreundet war, so wenig brachte er es über sich, sich mit Luthers Gegnern zu überwerfen. Für einen der ärgsten Feinde der Reformation, den Kardinal Albrecht von Brandenburg, malte er seine wertvollsten Bilder, und noch 1534 schuf er für den katholischen Georg von Sachsen das Altarbild des Meißner Doms. Luther hat ihm das nicht verübelt; war doch selbst Friedrich der Weise, sein Gönner und Beschützer, ebenso abgeneigt, öffentlich ein entschiedenes Bekenntnis abzulegen. – Der Maler wurde 1472 in dem Städtchen Kronach (Oberfranken) geboren, nach dem er sich später genannt hat. Er stammte aus einer Künstlerfamilie. Mit 32 Jahren siedelte er nach Wittenberg über und gründete dort seinen Hausstand. Für den Hof des kunstsinnigen Kurfürsten Friedrich arbeitend, gewann er in Wittenberg sehr bald Ruf und Ruhm. Er hielt sich eine große Werkstatt mit vielen Gesellen, hatte allerlei Entwürfe für Rüstungen, Dekoration und Schmuck zu liefern und vor allem die umfangreiche Ausschmückung sächsischer Schlösser und Jagdhäuser. Er schuf zahlreiche Bildnisse und Jagdbilder. Cranach, der sich den Wünschen seiner Auftraggeber gern fügte, wurde schließlich der reichste Bürger Wittenbergs, war Stadtkämmerer und Bürgermeister. Er war eine gerade, feste, lebensfreudige Natur. Als dienstwillig und freundlich, ja freigebig war er überall beliebt. So wurde er auch der Vertraute und Freund des schwergeprüften Kurfürsten Johann Friedrich, dessen Gefangenschaft er freiwillig teilte. – Cranach ist der Meister des bürgerlichen Sitten- und Andachtsbildes; er versuchte, die dogmatischen Lehren der Reformation im Bild zu gestalten, freilich ohne etwas von der Erschütterung und Erhabenheit echter Gottesbegegnung spüren zu lassen. Immerhin ist Cranachs Werk der groß angelegte Versuch einer lutherischen Bildkunst. – Lebenskraft, Ernst und Güte dieses Mannes enthüllt das Altarbild der Weimarer Stadtkirche von 1550. Dort steht, von der Hand seines Sohnes gemalt, zwischen Johannes dem Täufer und Martin Luther in Lebensgröße die feste Gestalt des betenden Lukas Cranach unter dem Kreuz.

∹ Ulrich Zwingli ∻

** Wildhaus (Kanton St. Gallen) 1. Januar 1484, gefallen in der Schlacht bei Kappel 11. Oktober 1531. Begründer des Reformierten Zweiges der Evangelischen Kirche in der Schweiz. Theologiestudium in Wien und Basel, 1516–1518 Pfarrer an der Wallfahrtskirche Maria Einsiedeln. Seit 1519 offener Kampf gegen die kirchlichen Zustände, 1523 Züricher Disputationen, erfolgreiche Verteidigung seines kirchlichen Reformprogramms. Die Einigung mit Luther scheiterte an der Abendmahlsfrage. Zwinglis Bemühung, die Reformation in der gesamten Schweiz durchzusetzen, führte zu Konflikten mit den katholischen Kantonen und schließlich zum 2. Kappeler Krieg, in dem er fiel.*

„Ich glaube, wie die Kirche durch Blut zum Leben kam, so kann sie auch bloß durch Blut erneuert werden." Diese Überzeugung Zwinglis, des „Lütpriesters zum Großen Münster" in Zürich, die er in einem Brief vom Juli 1520 ausgesprochen hat, lässt bereits die feste Entschlossenheit erkennen, mit der der Reformator sich elf Jahre später, von seinen Bundesgenossen im Stich gelassen, in einem aussichtslosen Kampf der katholischen Übermacht bei Kappel entgegenwarf und seinen Glauben mit dem Tod besiegelte. Anders als Martin Luther ist Zwingli erst allmählich in die reformatorische Entscheidung hineingewachsen. Fast bis zum Ende seiner Tätigkeit als „Kilchher zuo Glaris" (1506–1516) war seine Haltung zur katholischen Kirche ungebrochen. Humanistische Bildung, wachsendes Interesse an der Literatur der Kirchenväter, intensive Lektüre der Heiligen Schrift entfremdeten ihn seiner Tätigkeit als Pfarrer in Einsiedeln (1516–1518) und brachten ihn immer mehr in Gegensatz zu Rom. Vor allem die Schriften Augustins regten ihn an, in Predigt und Lehre auf das Evangelium zurückzugreifen. Bald erwachte in ihm die Bereitschaft, die Kirche zu „erneuern". Sein Ziel war eine Reform der Kirche nach den Grundsätzen des Evangeliums. Als 1520–1521 seine Lehre mit der Luthers gleichgesetzt wurde und die Züricher katholische Opposition ihn zum Lutheraner abstempeln wollte, wehrte er sich entschieden: „Wir sind evangelisch, nicht lutherisch." Es ist dies die gleiche Überzeugung, durch die er 1529 bei dem Marburger Religionsgespräch die Einheit der Reformation gefährdete. Vor allem in der Auffassung über das Abendmahl unterschieden sich Luther und Zwingli. Für Zwingli ist es ein Gedächtnismahl, ohne dass von einer besonderen Gegenwart Christi die Rede sein könne. Vielmehr bekennen die Teilnehmenden ihren Glauben an Christus und verpflichten sich zur Nachfolge.

„Ihr habt einen anderen Geist als wir", diese vorwurfsvollen Worte, die Luther damals gesprochen haben soll, wurden symbolisch für die schmerzliche Trennung der beiden theologischen Richtungen durch Generationen hin. – In den Jahren 1521–1525 vollzog sich Schritt für Schritt die kirchliche Reform in Zürich. Der Rat der Stadt bekannte sich nach der ersten Züricher Disputation im Jahre 1523 zu ihr. Den Höhepunkt erreichte die Züricher Reformation mit der Feier des ersten evangelischen Abendmahls nach der von Zwingli entworfenen Ordnung am Gründonnerstag 1525. – Im Unterschied zur deutschen Reformation, in der Kirche und Obrigkeit im wesentlichen auseinander gehalten wurden, fanden sich in Zürich beide zusammen: Der Prediger stand der staatlichen Leitung beratend und helfend zur Seite. Im Unterschied zu Luther hatte er die Frage nach dem gnädigen Gott nicht als persönliche Not erfahren. Vielmehr war sein Wirken als lebensfroher Humanist, Pfarrer und Politiker mehr praktischen Interessen gewidmet.

∼ Ulrich von Hutten ∼

** Burg Steckelberg bei Fulda 21. April 1488, † Insel Ufenau im Züricher See Ende August/Anfang September 1523. Stammt aus altem Rittergeschlecht, wurde zum Geistlichen bestimmt, floh 1505 aus der Klosterschule, wanderte durch Deutschland und Italien, wurde 1517 durch Kaiser Maximilian zum Dichter gekrönt. Nachdem er mit Luther Verbindung aufgenommen und gewaltsame Kämpfe gegen die katholische Kirche geplant hatte, sprach der Papst 1520 den Bann gegen ihn aus. Calvin sorgte dafür, dass er in der Schweiz sichere Unterkunft bekam. Der Dichter Conrad Ferdinand Meyer hat ihm in seinem großen Gedicht „Huttens letzte Tage“ (1871) ein bewegendes Denkmal gesetzt.*

Ulrich von Hutten gehört zu den Gestalten der älteren deutschen Literatur, deren Namen immer noch bekannt sind, von denen aber kaum jemand etwas gelesen hat. Allenfalls ist der Anfang des Gedichte „Ein neu Lied Herr Ulrichs von Hutten" aus dem Jahr 1521 geläufig: „Ich hab's gewagt".

Hutten kämpfte gegen die weltliche Macht der Kirche, von der er Deutschland beherrscht sah. Er träumte von einem mittelalterlichen Kaiserreich, das von einem freien Rittertum gestützt würde. Aber die Zeit von staufischem Kaisertum und Ritterheeren war vorüber. Ebenso unklar wie seine politischen Ziele waren die religiösen Ziele. Er verabscheute das Machtgepränge der katholischen Kirche und bot Luther den Schutz der Ritter an, den dieser ablehnte. Im Unterschied zu Luther war er religiös nicht interessiert. Er unterstützte ihn als Verbündeten gegen die politische Macht der Kirche, nicht als den leidenschaftlichen Gottsucher.

Hutten entstammte einem alten Rittergeschlecht und war zum Geistlichen bestimmt. 1505 entfloh er der Klosterschule und zog studierend durch Deutschland. Aus Geldnot trat er in Italien in das kaiserliche Heer ein. Der Vater verlangte jedoch, er solle das Jurastudium beenden.

Als er nach Deutschland zurückkam, veröffentlichte er lateinische und deutsche Schriften über den Verfall des römischen Klerus. Fürsten und Kaiser mahnte er, die Uneinigkeit des Reiches zu überwinden. 1517 wurde er in Augsburg von Kaiser Maximilian zum „poeta laureatus" (gekrönter Dichter) gekrönt. Wegen seiner zunehmenden Angriffe auf die Kurie und wegen seines Eintretens für ein „romfreies Deutschland" wurde er mit dem Bann belegt.

Hutten strebte keine friedliche Läuterung an, sondern er wollte den gewaltsamen Kampf, den politischen Umsturz. Als seine gewaltsame Rebellion scheiterte, die sowohl Luther als auch Erasmus von Rotterdam verurteilten, floh er in die Schweiz. Dort verschaffte ihm Zwingli Zuflucht.

Seine bekanntesten Werke sind neben einigen Gedichten die „Epistulae obscurorum virorum" (Dunkelmännerbriefe), eine Satire auf entartetes Mönchtum und die weltfremden Spitzfindigkeiten der scholastischen Wissenschaft.

Aus dem Brief an den Nürnberger Humanisten Willibald Pirckheimer vom Oktober 1518 stammt der berühmte Ausruf: „O große Zeit der Wissenschaft, noch ist nicht der Augenblick, sich zur Ruhe zu setzen, die Geister erwachen, die Studien blühen, es ist eine Lust zu leben!"

Huttens Werk und Leben eignet etwas jungenhaft Draufgängerisches. Deshalb sind seine Schriften trotz aller Einwände immer noch erfrischend. Sie gehören zu den originellsten Schöpfungen der Reformationszeit.

⁓ Thomas Müntzer ⁓

* Stolberg um 1490, hingerichtet bei Mühlhausen am 27. Mai 1525. Studium in Leipzig und Frankfurt/Oder, zunächst Lehrer und Klosterseelsorger, bekannte sich früh zur Reformation, 1520/21 Prediger in Zwickau; vermutlich an Bestrebungen beteiligt, die städtischen Verhältnisse neu zu ordnen. Zunehmend Auseinandersetzungen mit Luther. Versuchte vergeblich, die Landesherren für seine endzeitlich orientierte Reformation zu gewinnen. Bereitete Bauernaufstände als entscheidende Phase für den Anbruch der Gottesherrschaft vor und beteiligte sich aktiv am Bauernkrieg; nach der verlorenen Schlacht bei Frankenhausen am 15. Mai 1525 gefangen genommen.

„Nachdem es Gott also wohlgefällt, dass ich von hinnen scheiden werde in wahrhaftiger Erkenntnis (des) göttlichen Namens und (in) Erstattung etlicher Missbräuche, (die) vom Volk angenommen (worden sind), das mich nicht recht verstanden (hat), ... bin ichs auch herzlich zufrieden, dass es Gott also verfügt hat ..." So beginnt Müntzers Abschiedsbrief an die Mühlhäuser, zehn Tage vor seiner Hinrichtung geschrieben. Müntzer sieht sehr wohl, dass er mit seinem Bemühen, eine Gemeinde der wahrhaft Gläubigen aufzubauen, gescheitert ist. Er muss erkennen, dass der Bauernkrieg nicht die Neuordnung aller Verhältnisse und Beziehungen nach sich zog. Dennoch ist er am Ende seines Lebens nicht enttäuscht und verbittert, sondern in seiner Überzeugung ungebrochen. Nach wie vor versteht er sich als ein Bote Gottes. Seine Botschaft ist letztlich nicht angenommen worden. Nun ist er bereit, mit seinem Sterben Zeugnis für seine Sendung abzulegen. Zunächst stimmte Müntzer mit Luthers Anliegen überein. Bald gewann er jedoch den Eindruck, Luthers Reformation begnüge sich mit einigen kirchlichen Neuerungen. Der einzelne Christ komme auch durch Luthers Reformation nicht zu einem tief begründeten persönlichen Verhältnis zu Gott und zu einem wirklich Gott gemäßen Leben. Müntzer war überzeugt, Jesu ungeteiltes Vertrauen auf Gott und sein Leidensweg müssten sich im Leben eines jeden Christen widerspiegeln. Nur auf diese Weise könne es zur wahren Gottesgewissheit kommen. Neben dieser inneren Bereitschaft sei es nötig, auch äußerlich alles zu ändern, was dieser Gottesfurcht im Wege steht. Dazu gehöre die herkömmliche Gottesdienstpraxis genauso wie die Ordnungen im gesellschaftlichen Bereich. Müntzer war von der Gewissheit erfüllt, die Zeit dränge, weil Gottes endzeitliche Neuordnung aller Dinge vor der Tür stehe. Gott wolle die Geschichte des Abfalls der Menschen beenden. Er wolle nach einer großen Reinigung der Christenheit, dem Letzten Gericht, die ursprüngliche Ordnung der Schöpfung wiederherstellen. Im Bauernaufstand sah Müntzer das Werkzeug Gottes, um die große Reinigung durchzuführen, nachdem sich die kursächsischen Fürsten dieser Aufgabe verweigert hatten. – Vieles an Müntzers theologischen Gedanken, vor allem sein Gerichtsdenken, mag heute befremdlich erscheinen. Seine Vorstellungen von der Reformation tragen andere Züge als die Luthers. Mag Luther mit vielen seiner Einsprüche gegen Müntzer recht gehabt haben. Aber Müntzers seelsorgerliches Anliegen, dem einzelnen Christen praktische Schritte für das Glaubensleben aufzuzeigen, ist genauso wenig überholt wie seine Erkenntnis, dass die Veränderung des Menschen und die Veränderung der gesellschaftlichen Verhältnisse aufeinander bezogen sein müssen. Müntzer erinnert uns daran, dass das Erbe der Reformation reichhaltiger ist, als es sich unserem Bewusstsein oft darstellt.

∽: *Hans Sachs* :∽

** Nürnberg 5. November 1494, † Nürnberg 19. Januar 1576. Schuhmacher und Dichter, Verfasser von Dramen, Gedichten und Schwänken. Sohn eines Schneiders, besuchte die Lateinschule und erlernte das Schuhmacherhandwerk; auf seinen ausgedehnten Wanderungen 1511–1516 erlernte er in München den Meistergesang, wurde in Nürnberg 1518 Meister der Singschule und 1520 Meister der Schuhmacherzunft. Als bürgerlich stolzer Handwerksmeister und überzeugter Lutheraner wandte er sich einerseits gegen den reichen Adel und die katholische Kirche, andererseits gegen die als ungebildet geltenden Bauern, die er besonders in seinen Fastnachtsspielen verspottete.*

Im Jahre 1523 erschien Hans Sachs' erstes Spruchgedicht im Druck: Es war ein Lobgesang auf Martin Luther, die „wittembergisch Nachtigall". Jedermann kennt aus Wagners „Meistersingern" wenigstens den Beginn dieses Gedichts:

Wach auf! es nahet gen den tag.
Ich hör singen im grünen hag
Ein wunigliche nachtigall,
Ir stim durchklinget berg und tal.

Innerhalb weniger Tage waren die siebenhundert Verse im ganzen deutschen Sprachbereich bekannt. Sie begrüßen Luther als Tagverkünder und rufen den gemeinen Mann auf, die neu erkannte christliche Wahrheit zu verinnerlichen und sich im tätigen Leben zu bewähren. Die Werbekraft dieses derb-schlichten Appells ist nicht gering zu schätzen: Dem beginnenden Kampf gegen den Katholizismus war damit ein mächtiger Dienst getan. Und als der Reformator gestorben war, hat der Nürnberger Schuhmacher noch einmal zum Thema Luther gesprochen; das Lied ist ergreifend, denn Hans Sachs' Schmerz über den Verlust war echt:

Ach das es müss erbarmen got!
Ligst du denn ietzt hie und bist tot?
O du treuer und küner helt,
Von Got dem herren selb erwelt,
Für mich so ritterlich zu kempfen ...

Dass Hans Sachs selber ein ritterlicher Kämpfer für das Wort Gottes gewesen ist, zeigen die vier Zwiegespräche von 1524 (in Prosa), in denen er formgewandt wie nur ein Humanist für Luthers Sache eintritt; am wirksamsten davon ist die „Disputation zwischen einem Chorherrn und einem Schuhmacher“: Auch hier finden wir Schlagkraft, Scharfsinn, Volkstümlichkeit – dieselben Vorzüge, die ihn als Schwankdichter und als Erzähler von Legenden und Fabeln auszeichnen. Er war eben ein Dichter aus dem Volk für das Volk. Dazu produktiv: Sechs Jahrzehnte lang hat er sicher mehr Gedichte als Schuhe gefertigt, nämlich einhundertvierzehn große und kleine Werke (Meisterlieder, Spruchgedichte, Fastnachtsspiele, Schwänke und anderes). – Zu den ersten Wiederentdeckern des in den Jahrhunderten des Barocks und der Aufklärung vergessenen Meisters gehört der junge Goethe, der im Jahre 1776 „Hans Sachsens poetische Sendung“ in Knittelversen besang; sein Urteil gilt noch heute:

Weil er so heimlich glücklich lebt,
Da droben in den Wolken schwebt
Ein Eichkranz, ewig jung belaubt,
Den setzt die Nachwelt ihm aufs Haupt;
In Froschpfuhl all das Volk verbannt,
Das seinen Meister je verkannt.

∴ *Philipp Melanchthon* ∴

(eigentlich: Georg Schwarzerd)

** Bretten (Pfalz) 16. Februar 1497, † Wittenberg 19. April 1560. Wichtigster Mitarbeiter Luthers bei der Reformation. Universitätsstudium in Heidelberg und Tübingen, wurde 1514 Magister, 1517 Griechischlehrer in Wittenberg; 1518 Antrittsrede als Professor über „Die Reform des Universitätsunterrichts", ab 1519 auch theologische Vorlesungen. Verfasste u. a. die erste evangelische Dogmatik, „Loci communes" (Grundbegriffe der Glaubenslehre) 1521; war einer der Hauptverfasser der „Confessio Augustana" (Augsburger Konfession) 1530. Hielt bei Luthers Bestattung am 22. Februar 1546 in der Wittenberger Schlosskirche die lateinische Trauerrede.*

Martin Luther sagte einmal: Es sei kein besseres Buch nach den Schriften der Apostel geschrieben worden als die „Grundbegriffe der Glaubenslehre“ von Philipp Melanchthon. In diesem Buch lehre, kämpfe und triumphiere Philippus. Wenn man alle Kirchenväter zu Haufen schmelzen würde, so würden doch nicht Grundbegriffe der Glaubenslehre daraus, wie diese seien. Aus diesen Worten Luthers spricht die ganze Verehrung und sachbezogene Verbundenheit beider Männer. – Melanchthons Entwicklungsgang und Lebensart sind neben Luthers Persönlichkeit und der anderer Wittenberger Reformatoren von einzigartigem Reiz. Große wissenschaftliche, zumal sprachliche Begabung und emsiger Fleiß lassen ihn schon in jungen Jahren zu einem bedeutenden Vertreter humanistischer Bildung werden. Luther und Melanchthon erkennen frühzeitig den gegenseitigen Wert und schließen eine Freundschaft, die durch Spannungen und Meinungsverschiedenheiten hindurch das ganze Leben anhält. – Gegen Dr. Eck tritt Melanchthon für Luther ein und verfasst im Jahre 1521 eine Schutzschrift für den gebannten Freund. Während Luther auf der Wartburg weilt, widersteht Melanchthon in Wittenberg den stürmischen Bewegungen und Veränderungen, bis der Freund kommt und eingreift. Von grundlegender theologiegeschichtlicher Bedeutung ist Melanchthons Hauptwerk von 1521, die schon genannten „Loci communes“, sozusagen die erste evangelische Dogmatik, die erste wissenschaftlich-theologische Rechtfertigung der Reformation. Aber der Gelehrte hat auch praktisch gewirkt: Wir erinnern an seine Kirchen- und Schulordnung für Sachsen, an seine Teilnahme bei allen wichtigen Verhandlungen zwischen den evangelischen Ständen und Theologen. Meister Philippus ist in seiner Friedensliebe und Besonnenheit, in seinem Herzenstakt und seiner Aufgeschlossenheit der geborene Vermittler und Schlichter in aufgeregter Zeit gewesen. Sein stets beschwichtigendes Wesen steht im Gegensatz zur Schroffheit Luthers. Melanchthon bleibt ihm durch alle Krisen hindurch treu, schlägt ehrenvolle Berufungen nach Nürnberg, Leipzig, Tübingen und Frankfurt, ja nach England und Frankreich aus. Lehrstreitigkeiten und andere Dinge haben seine letzten Lebensjahre getrübt. – Einige Sätze aus Melanchthons Glaubenslehre eröffnen uns noch heute einen Blick in Herz und Sinn des großen Lutherfreundes: „Die Geheimnisse der Gottheit beten wir an. Das ist richtiger, als dass wir sie erforschen.“ – „Christus erkennen heißt, seine Wohltaten erkennen, nicht, wie man sonst lehrt, seine Naturen, die Arten seiner Menschwerdung anschauen.“ – „Wir sollen immer bedenken, das rechte Glauben im Herzen zu erhalten, auch wenn Ernst und Kampf wider allerlei Ärgernis dazu gehört. Unser Herr Christus wolle uns gnädiglich bewahren vor allem Irrtum und in rechtem Glauben und rechtem Gehorsam erhalten.“

⁓ *Katharina Zell* ⁓

Straßburger Münster, um 1860

** Straßburg um 1497, † Straßburg 5. September 1562. Aufgewachsen in einer wohlhabenden Straßburger Tischlerfamilie heiratete sie 1523 den Prediger am Münster, Matthäus Zell. Gegen dessen Exkommunizierung wandte sie sich mit einem gelehrten, scharf formulierten Protestbrief, in dem sie die Rechtmäßigkeit der Priesterehe aus der Bibel begründete. Daraufhin wurde ihr das Verfassen weiterer Streitschriften untersagt. Bis an ihr Lebensende nahm sie schriftlich und mündlich an den Auseinandersetzungen um den wahren evangelischen Glauben teil, war seelsorgerisch und sozial tätig und wurde so wegweisend für die aktive allseitige Teilnahme von Frauen in den reformatorischen Kirchen.*

Nachdem Matthäus Zell, Prediger am Strassburger Münster, 1523 die zwanzig Jahre jüngere Tischlertochter Katharina Schütz geheiratet hatte, wurde er exkommuniziert. Daraufhin wandte sich seine Frau mit einem Brief an den Bischof und an den Rat der Stadt. Sie protestierte gegen die Exkommunikation ihres Mannes und weiterer sechs Pfarrer, indem sie die Rechtmäßigkeit der Priesterehe mit Argumenten aus der Bibel begründete.

Unter den gelehrten Pfarrfrauen der Reformationszeit ist Katharina Zell die bekannteste. Mit ihren Schriften griff sie unmittelbar in die religiösen Auseinandersetzungen ein. 1534 veröffentlichte sie mit eigenem Vorwort ein Gesangbuch der Böhmischen Brüder. Damit es für die Armen erschwinglich wäre, sollte es auch in einzelnen Teilen verkauft werden können. Es folgten Auslegungen des Vaterunsers und zweier Psalmen. Durch einen ausgedehnten Briefwechsel war sie mit den führenden Reformatoren verbunden, unter anderem auch mit Luther, den sie 1538 in Wittenberg besuchte.

Da Straßburg als freie Reichsstadt nicht an das so genannte Wormser Edikt von 1521 gebunden war, das die Anhänger der Reformation für weithin rechtlos erklärte, flüchteten viele von ihnen nach Straßburg. Katharina Zell half ihnen, so weit sie konnte. Obwohl sie sich eindeutig zu Luthers Lehren bekannte, nahm sie unter anderem auch den Schweizer Reformator Ulrich Zwingli und sogar Wiedertäufer in ihrem Haus auf. Überhaupt wurden ihre große Hilfsbereitschaft und ihre Unterstützung der Armen gerühmt. Bei der Beerdigung ihres Mannes am 11. Januar 1548 hielt sie die „Klag red". Darin erklärte sie ausdrücklich, ihres Mannes „gehülff" nicht nur „in seinem hauß", sondern „auch im amt und dienst gewesen" zu sein. Um das Andenken ihres Mannes ging es ihr auch in dem „Brieff an die gantze Burgerschafft der Statt Straßburg" von 1557, worin sie die ersten Straßburger Reformatoren gegen die Angriffe eines erstarrenden Luthertums verteidigte. Gerichtet war der Brief an Ludwig Rabus, den Nachfolger ihres Mannes als Prediger am Münster. Zu Lebzeiten Matthäus Zells hatte er mit ihm zusammengearbeitet; Katharina hatte seine Berufung befürwortet und ihn bei der Arbeit unterstützt. Ihre eigenen beiden Kinder waren kurz nach der Geburt gestorben; von vielen wurde Ludwig Rabus, der zeitweise in Katharinas Haus lebte, für ihren Sohn gehalten. Umso schmerzlicher trafen sie später seine Angriffe auf sie selbst und ihren Mann. Rabus verließ im Winter 1556/57 Straßburg, ohne sich mit dem Rat und den übrigen Geistlichen abgesprochen zu haben, und übernahm in Ulm die Stelle eines Superintendenten. Katharinas Kritik an Rabus bezieht sich auch darauf, dass er Straßburg „undanckbarlich den rucken gekeert hat".

Bis zuletzt wurde Katharina Zell von Notleidenden aufgesucht, führte sie seelsorgerische Gespräche und begleitete Sterbende.

∴ *Katharina von Bora* ∴

** Lippendorf (Sachsen) 29. Januar 1499, † Torgau 20. Dezember 1552. Aus altem, aber verarmten Adelsgeschlecht stammend besuchte sie ab 1505 Klosterschulen, zuerst in Brehna, dann in Nimbschen bei Grimma, wurde 1515 Nonne und floh 1523 aus dem Kloster nach Wittenberg. 13. Juni 1525 Heirat mit Martin Luther, gebar sechs Kinder, führte den großen Haushalt in Wittenberg und brachte es zu Wohlstand. Nach Luthers Tod geriet sie trotz dessen Vorsorge in dürftige Verhältnisse. 1552 floh sie mit den Kindern vor der Pest; unterwegs scheuten die Pferde, Katharina stürzte in einen Graben. Von den dabei erlittenen Verletzungen erholte sie sich nicht mehr.*

Der Wagemut, den Katharina von Bora und mit ihr die anderen Ehefrauen der Reformatoren bewiesen, als sie heirateten, ist für uns kaum noch vorstellbar. Bislang hatte es im Abendland keine Pfarrfrauen gegeben. Sie konnten sich auf keine Erfahrungen stützen, sie mussten Anfeindungen aushalten, sie mussten hinter sich lassen, was sie – wie zum Beispiel Katharina – im Kloster eingeübt hatten. Sie konnten sich nur auf sich selbst, auf ihre Ehepartner und ihre Freunde verlassen und darauf, dass sie das Evangelium richtig verstanden. Luther hatte in seinem Studium der Heiligen Schrift herausgefunden, dass zölibatär leben Gott nicht wohlgefälliger sei als in der Ehe leben. Im Gegenteil, aus dem Schöpfungsbericht las er heraus, dass die Sexualität des Menschen und damit die Ehe von Gott gewollt und angelegt war. Diese theologischen Überzeugungen bildeten die Grundlage für die Ehe, die Luther und Katharina 1525 nach deren Flucht aus dem Kloster schlossen. – Katharina muss eine außerordentlich umsichtige, starke und durchsetzungsfähige Frau gewesen sein. Innerhalb von acht Jahren gebar sie sechs Kinder, von denen zwei im Kindesalter starben (bei einer damals üblichen Säuglingssterblichkeit von etwa 30 Prozent). Sie stand einem Haushalt vor, in dem normalerweise 40 Personen zu versorgen waren. Sie ließ ihr Wohnhaus ständig umbauen und erweitern, erwarb Gärten und Ländereien, um sowohl die Ernährung auf eine solide Grundlage zu stellen als auch ihr Geld sicher anzulegen. Durch ihr kluges Wirtschaften brachte sie es dazu, dass Luther bei seinem Tod der zweitreichste Mann in Wittenberg war – nach Lukas Cranach.

Aber auch der Witwe eines wohlhabenden Mannes konnte es damals geschehen, dass sie nur ein Spinnrad, einen Stuhl und – wenn die Erben gnädig waren – ein paar Töpfe behielt. Katharina gehörte der ersten Generation von Frauen an, die mit Geistlichen verheiratet waren und für deren Versorgung im Alter es noch keine Regelung gab. Um seine Frau vor Armut zu schützen, hat Luther sie zwar entgegen der Rechtsauffassung seiner Zeit zu seiner Universalerbin eingesetzt. Dabei ging er übrigens davon aus, dass sich die 16 Jahre jüngere Frau nach seinem Tod wieder verheiraten würde, was sie aber nicht tat. Aber die Juristen der Wittenberger Universität zogen nach Luthers Tod das Testament ein und setzten sowohl für die Witwe als auch für die Kinder Vormünder ein – gegen Luthers ausdrücklichen Willen und gegen Katharinas Widerstand.

Die Tatsache, dass Luther seine Frau zur Universalerbin und zum Vormund für die Kinder bestimmte, wurde oft als Zeichen seiner großen Liebe gewertet. Wie dem auch sei, auf alle Fälle ist es Ausdruck seiner Wertschätzung (gelegentlich hat er sie scherzhaft und achtungsvoll zugleich seinen „Herrn Käthe“ genannt) und seines Verantwortungsgefühls ihr gegenüber.

∻ *John Knox* ∻

** um 1505 in Giffordgate (heute zu Haddington gehörend), † 24. 11. 1572 in Edinburgh. Studium in Glasgow, Priester; seit 1546 Einsatz für die Reformation in Schottland, Gefangenschaft, 19 Monate Galeerensträfling; wurde 1549 Prediger in England, u. a. in London; floh nach der Thronbesteigung Marias der Katholischen nach Genf, Freundschaft mit Calvin, dessen Lehre er übernahm; kehrte 1559 nach Schottland zurück, Prediger in Edinburgh; Auseinandersetzungen mit Maria Stuart, war 1560 einer der Hauptakteure bei der Gründung der reformierten schottischen Staatskirche, deren theologische Grundlage, die „Confessio Scotica", er maßgeblich mitverfasste.*

„Was ich für mein Vaterland gewesen bin, will dieses undankbare Zeitalter nicht erkennen, allein die späteren werden gezwungen werden, der Wahrheit die Ehre zu geben." Diese selbstbewussten, fast überheblich erscheinenden Worte werden verständlich, wenn wir uns das schwere Leben John Knox' vergegenwärtigen. Er war zu neunzehn Monaten Galeerendienst verurteilt, wurde oftmals der Ketzerei beschuldigt, geächtet und zum Tode verurteilt, immer wieder verfolgt und bedroht, immer wieder verleumdet – und das alles seines Glaubens wegen. Nachdem er, ursprünglich katholischer Priester, den reformierten Glauben angenommen hatte und 1547 Prediger der evangelischen Gemeinde von St. Andrews geworden war, geriet er, als das Kastell durch die regierende Partei erobert wurde, in Gefangenschaft und wurde zur Arbeit auf der Galeere verurteilt. 1549 wurde er als Prediger nach England berufen und arbeitete in Berwich, Newcastle und London. Als 1554 Maria I., die Katholische, den Thron bestieg, floh er in die Schweiz, wo er Calvin zum Freund gewann und sich seiner Lehre anschloss. 1559 kehrte er endgültig nach Schottland zurück und wurde Prediger in Edinburgh, was ihm wiederum jahrelange Kämpfe mit der katholischen Königin Maria Stuart und zweimalige Vertreibung einbrachte. Schließlich wurde 1560 unter seinem maßgeblichen Einfluss die reformierte schottische Staatskirche errichtet. Als Hauptverfasser der streng calvinistischen „Confessio Scotica" (Schottische Konfession) wirkt er bis in die Gegenwart. Knox bemühte sich um strenge Kirchenzucht, um Reinheit und Nüchternheit des Gottesdienstes, um Unabhängigkeit der wachsenden Kirche. Durch ihn erhielt die presbyterianische Kirche Schottlands ihr puritanisches Gepräge.

Trotz seines schweren Schicksals blieb Knox ein furchtloser Vertreter seiner Glaubensüberzeugung und wird er sogar als freudiger Prediger bezeichnet, der Widerhall im Volk fand. Sein Glaubenseifer ermutigte seine Mitstreiter im Kampf gegen Missbrauch und Aberglauben der damaligen katholischen Kirche. Mit den Machthabern seiner Zeit, mit Königen und Hofleuten, redete er kühn und offen, obwohl er damit sich und seiner Sache oft schadete. Vermutlich aber hätte Knox ohne seine Starrheit und Härte, auch sich selbst gegenüber, seine Ziele nicht erreichen können. Zu der Freiheit im Evangelium, wie sie Luther lehrte und lebte, ist Knox nie durchgedrungen. Oft war ihm das Wort Gottes eher Gesetz als Freiheit; er erstrebte nichts für sich selbst, sondern kannte nur sein reformatorisches Werk, und damals galt es, dieses Werk gegen eine Unzahl von Feinden durchzusetzen. Bei der Grablegung wurde seiner mit folgenden Worten gedacht: „Hier ruht ein Mann, der niemals in seinem Leben das Antlitz eines Menschen gefürchtet hat, der oftmals bedroht worden ist mit Dolch und Schwert, aber trotzdem seine Tage in Frieden und in Ehre beenden durfte."

∴ Johannes Calvin ∴

** 10. Juli 1509 in Noyen (Picardie), † 27. Mai 1564 in Genf. Schweizer Reformator. Bekehrte sich nach dem Studium der Rechtswissenschaft 1533 in Paris zur Reformation und musste deshalb die Stadt verlassen; vollendete in Basel sein Hauptwerk, die „Institutio Christianae Religionis" (Unterricht in der christlichen Religion), unterstützte 1536–1538 den Aufbau der Genfer Kirche; wurde ausgewiesen, als er versuchte, eine strenge Kirchenzucht einzuführen; betreute Flüchtlingsgemeinden in Straßburg; 1541–1564 wieder in Genf, wo seine Kirchenordnung angenommen wurde, verfasste den „Genfer Katechismus", trug mit zur Durchsetzung der Reformation in Europa bei.*

Dem jungen Gelehrten, der 1532 in Paris Lizentiat der Rechte geworden war, stand eine glänzende Laufbahn bevor. Da warfen ihn sein plötzlicher Glaubenswechsel und sein Bekenntnis zur Reformation 1533 in eine ungewisse Zukunft. 1533 war Calvins evangelisch gesonnener Freund, der Mediziner Copus aus Basel, zum Rektor der Pariser Universität gewählt worden, und Calvin hatte ihm die Antrittsrede verfasst. Darin hieß es: „Preisen wir die Wissenschaften, preisen wir sie um ihrer Nützlichkeit willen. Doch was bedeuten sie alle neben jener erhabenen Philosophie, die ergibt, was edle Philosophen suchten und was keiner fand: Gottes Gnade, die allein die Sünden tilgt."

Dieses öffentliche Bekenntnis zum Protestantismus reichte aus, um über den theologisch nicht sehr bewanderten Mediziner Copus die Todesstrafe durch Scheiterhaufen zu verhängen. Mit Hilfe von Freunden gelang ihm die Flucht. Calvin musste Paris ebenfalls verlassen und fand Aufnahme im Haus eines Freundes in Angouleme. Hier begann er sein Hauptwerk, eine systematische Darstellung der reformatorischen Anschauungen, zu schreiben, die „Institutio Christianae Religionis" (Unterweisung in der christlichen Religion), das er 1536 in Basel vollendete. Im Aufbau folgt es dem Apostolischen Glaubensbekenntnis und war ebenfalls als Erbauungsbuch gedacht. Als er Ostern 1538 in Genf seiner Gemeinde wegen sittlicher Missstände das Abendmahl verweigerte, wurde er ausgewiesen. Er übernahm die französische Flüchtlingsgemeinde in Straßburg. Dort heiratete er 1540 die von ihm bekehrte Witwe eines Wiedertäufers. Ein Jahr später wurde er nach Genf zurückgerufen. Hier verwirklichte er seine Vorstellungen einer ausschließlich am Neuen Testament orientierten Kirche.

Calvin, der Luther als seinen „Vater" bezeichnete, der mit Melanchthon befreundet war und vieles von Zwingli übernahm, war ein Reformator der zweiten Generation, der seine Hauptaufgabe darin sah, die unterschiedlichen protestantischen Richtungen zu vereinen und sie damit angesichts der Gegenreformation zu stärken. So hat er in der Lehre vom Abendmahl und von der Taufe zwischen Luther und Zwingli vermittelt. 1559 wurde auf seine Veranlassung in Genf eine Akademie gegründet, die reformatorisches Gedankengut verbreitete und vertiefte. Demselben Ziel diente sein umfangreicher, über ganz Europa reichender Briefwechsel.

Aber Calvin wollte Einigkeit der Protestanten nicht um jeden Preis. So grenzte er sich von den Lutheranern durch strenge Kirchenzucht ab, ließ Altäre und Bilder aus den Kirchenräumen entfernen und erlaubte die Beichte nur noch als Offenes Schuldbekenntnis. Der Kirche teilte er vier Ämter zu: Pastoren, Diakone, Älteste und Lehrer (vom Professor bis zum Katecheten).

Völlig überarbeitet und entkräftet starb er bereits mit 54 Jahren.

∻ Johannes Kepler ∻

* Weil der Stadt (Württemberg) 27. Dezember 1571, † Regensburg 15. November 1630. Astronom und Mathematiker. Stammt aus bescheidenen Verhältnissen (seine Mutter wurde später als Hexe verklagt), studierte in Tübingen evangelische Theologie; lernte den Mathematiker und Astronomen Maestlin kennen, der ihn mit dem kopernikanischen Weltbild vertraut machte. Als Nachfolger Tycho Brahes wurde er 1601 kaiserlicher Mathematiker Rudolfs II. Ein vorteilhaftes Angebot des Kaisers lehnte er ab, weil es an die Bedingung geknüpft war, dass er katholisch würde. Er entdeckte u. a. die Gesetze der Planetenbewegungen und schuf die Grundlagen für die moderne Infinitesimalrechnung.

„O du, der du durch das Licht der Natur das Verlangen in uns mehrst nach dem Licht deiner Gnade, um uns durch dieses zum Licht deiner Herrlichkeit zu geleiten, ich sage dir Dank, weil du mir Freude gegeben hast an dem, was du gemacht hast, und ich frohlocke über die Werke deiner Hände!" – Die große naturwissenschaftliche Leistung Johannes Keplers, der diesen Lobpreis geschrieben hat, ist gegen Nöte und Widerstände aller Art erzwungen worden. Schwache Gesundheit, reizbares Temperament, widrige Familienverhältnisse, unruhige Zeiten und fast ständige Armut haben sein Leben bestimmt. Er trachtete danach, „Gottes Gedanken in der Natur nachzudenken". Frühzeitig kommt er auf die Klosterschule Maulbronn, um dann im Tübinger Stift Theologie zu studieren. Dort lernt er den Astronomen Michael Maestlin kennen. Die intensive Beschäftigung des jungen Keplers mit den Naturwissenschaften erregt Anstoß bei einigen seiner Professoren. Sie zweifeln, ob man ihm bei so weltlichen Neigungen ein geistliches Amt anvertrauen dürfe. Der Mittellose muss aus Geldnot die Stelle eines Landschaftsmathematikers und Lehrers in Graz annehmen. In der steiermärkischen Hauptstadt heiratet er und schreibt sein erstes, Aufsehen erregendes Werk, den „Prodromus" (Vorläufer), in dem er genial über die Anordnung der Planeten spekuliert, die er – Kopernikus folgend – samt der Erde um die Sonne kreisen lässt. Er zieht damit die Aufmerksamkeit des dänischen Astronomen Tycho Brahe auf sich, des „Phönix der Astronomie", der ihn zu sich nach Prag ruft, als Kepler seines evangelischen Bekenntnisses wegen aus Graz ausgewiesen wird. Kepler erhofft sich Einsicht in dessen unschätzbares, in Jahrzehnten mühevoller Arbeit angesammeltes Beobachtungsmaterial über die Planeten – ein Material, das ihm später die Aufstellung der berühmten „Keplerschen Gesetze" ermöglicht. Tycho Brahe setzt den Jüngeren zum Erben seiner wissenschaftlichen Arbeiten ein. Aber Prüfung folgt auf Prüfung. Kepler, der seine eigenen Schwächen wohl kennt und mitunter selbst verspottend geschildert hat, lernt Geduld und Selbstbeherrschung und reift zu hoher Selbständigkeit des Urteils heran. Seine als Hexe verklagte Mutter verteidigt er persönlich unter großen Opfern und rettet sie vor dem Scheiterhaufen. Unter schwierigsten Verhältnissen folgt ein großes wissenschaftliches Werk dem anderen („Neue Astronomie", „Harmonie der Welt", „Optik"). In den Wirren des Dreißigjährigen Krieges muss er von Stadt zu Stadt reisen, um Gelder für den Druck der „Rudolfinischen Tafeln" aufzutreiben. Er stirbt auf dem Weg zum Kaiser in Regensburg, wo er auf dem Reichstag seine noch ausstehende Besoldung einzutreiben gehofft hat. – Er, der Begründer der modernen Himmelsmechanik, ist ein Mann von großer Glaubensstrenge gewesen, aber frei von konfessioneller Engstirnigkeit.

Heinrich Schütz

** Köstritz (Vogtland) 8. Oktober 1585, † Dresden 6. November 1672. Sohn eines Gastwirts, der nach dem Umzug der Familie mehrere Jahre Bürgermeister von Weißenfels wird. Heinrich studiert, vom Landgrafen Moritz von Hessen-Kassel gefördert, Jura in Marburg und geht 1609 nach Italien, wo er bei Giovanni Gabrieli Musikunterricht nimmt. 1613 Rückkehr nach Deutschland, Zweiter Hoforganist in Kassel, 1617 Übersiedlung nach Dresden, wechselvolles Leben. Seine Hauptwerke sind Madrigale, Motetten und Passionen. Er komponierte die erste deutsche Oper, „Dafne", nach einem Libretto von Martin Opitz, 1627 in Torgau uraufgeführt, bis auf wenige Überreste verloren gegangen.*

In der Tat, es ist ein bewegtes Leben, auf das der „eisgraue Senior der deutschen Musikanten“ zurückblicken konnte, als er 1672, siebenundachtzigjährig, die Augen schloss. Der milde und doch energische Mund könnte von der schweren Entscheidung des jungen Studenten erzählen, sich ausschließlich dem Studium der Rechte zu widmen, wie es ihm Landgraf Moritz von Hessen-Kassel anbot. Scheint die faltenreiche Stirn nicht Zeugnis davon abzulegen, wie leidenschaftlich sich der reife Künstler um die Schaffung der Grundlagen der deutschen Tonkunst und ihre Entfaltung bemüht hat? – Musikgeschichtlich gesehen bildet Schütz den Mittelpunkt einer eigenen großen Epoche, die durch ein ganz bestimmtes Frömmigkeitsideal gekennzeichnet ist. Sein musikalisches Reifen führt ihn von dem zunächst bewusst geförderten italienischen Konzertstil zurück zum strengen Kontrapunkt, zur nordischen Linearität. Nun erst wird er zum begeisterten Prediger des „Wortes“, jetzt entstehen seine großen Schöpfungen: die mehrchörigen Psalmen, die Cantiones sacrae, die Musikalischen Exequien (das erste deutsche Requiem), die Geistliche Chormusik und nicht zuletzt seine Passionen nach Lukas, Johannes, Matthäus und „Die sieben Worte Jesu Christi am Kreuz“. In diesen Werken offenbart sich Schütz als der Meister, der sich zu einem durchaus persönlichen Stil durchgerungen hat. – Seine bedeutsame Geistliche Chormusik lässt ihn schlechthin zum Kantor der evangelischen Kirche werden. Diese fünf- bis siebenstimmigen A-cappella-Gesänge stellen Höhepunkte dar, die für die vorbachsche Zeit einmalig sind. Bewundernswert schließlich die Vielseitigkeit seines Könnens: In Evangelienmusiken zeigt er sich „als herzlicher Historienmaler“; in konzerthaften Stücken wie der „Rahel plorans Auf dem Gebirge“ als hinreißender Dramatiker. „Dazu aber war dieser unglaublich vielseitige Tondichter auch einmal ein heimlicher Humorist, etwa wenn er in dem Hausbaupsalm 127 einen Nachtwächter blasen lässt, die schlafenden Hocker malt und die Lebhaftigkeit der Kinder schmunzelnd abbildet“ (Moser). – Der über Achtzigjährige erbittet von seinem Lieblingsschüler Christoph Bernhard in Hamburg seine Totenmotette. Im Jahre 1670 schreibt er ihm: „Mein Sohn, Er hat mir einen großen Gefallen erwiesen durch die Übersendung der verlangten Motette. Ich weiß keine Note darin zu verbessern.“ Die Motette erklingt über seinem Sarg, als er am 17. November 1672 in der Dresdener Frauenkirche beigesetzt wird. Und dies ist ihr Text: „Deine Rechte sind mein Lied in dem Hause meiner Wallfahrt.“

Sein Sterbebett umstanden Freunde, die für ihn beteten und mehrstimmig die von ihm vertonten geistlichen Lieder sangen.

∴ *Johann Amos Comenius* ∴

(eigentlich Jan Amos Komenský)

** Nivnic (Mähren) 28. März 1592, † Amsterdam 15. November 1670. Tschechischer Pädagoge und Theologe. Studierte Theologie in Herborn und Heidelberg, 1618 Gemeindepfarrer und Schulleiter in Fulnek, musste nach der Niederlage der böhmischen Stände am Weißen Berg bei Prag 1620 als Angehöriger der Böhmischen Brüdergemeinde im Verborgenen leben, wanderte 1627 mit Glaubensgefährten nach Polen aus, wurde 1632 Bischof der Böhmischen Brüder. Sein wechselvolles Leben führte ihn u. a. nach England, Schweden, Deutschland und Holland. 1675 erschien in Nürnberg sein „Orbis sensualium pictus", das erste europäische Bilderbuch für den Schulgebrauch.*

„Mein Leben war ein Wandern, eine Heimat hatte ich nicht." So sagt rückschauend der alternde Comenius selber. Wandern, Fernweh, ein Zug in die Weite bestimmen seinen äußeren Lebensweg, kennzeichnen aber auch sein Werk, seine ganze Existenz. – Von Ort zu Ort und Land zu Land ist er unterwegs: Böhmen, Deutschland, Polen, England, Schweden, Ungarn ... Doch er ist kein friedloser Mensch. Betrachtet man sein Bild, die ernsten ausgeglichenen Züge, die Augen, die in die Ferne blicken, aber mit der Gewissheit einer Geborgenheit, so ahnt man die Kraft inneren Friedens, die ihn hält. Der „Heimatlose" lebt aus der Bindung an die ewige Heimat. Von den Eltern her, die er früh verlor, wurzelt er in der Gemeinde der Böhmischen Brüder, in der er später Rektor, Prediger und Bischof wird. – Das Streben nach Weite zeigt sich auch in seinen pädagogischen Werken. In dem methodisch bedeutsamen Lehrbuch, damaligem Brauch entsprechend in lateinischer Sprache abgefasst, „Orbis sensualium pictus" (Die Welt in Bildern) führt er zugleich in anschaulicher Weise die zu seiner Zeit bekannte Welt vor Augen. Er will mehr als nur in der damals üblichen Art bestimmten Kreisen das notwendige Bildungsgut vermitteln. Sein Ziel ist die wahre Menschenbildung, eine umfassende Bildung für alle – er will Menschheitserzieher sein. Für diese großen Erziehungsgedanken schöpft Comenius die Kraft aus dem Glauben und legt sie klar durchdacht in seinem pädagogischen Hauptwerk „Didactica magna" (Große Unterrichtslehre) dar. Diese Schrift ist nicht nur ein Lehrbuch über Organisation, Methodik und Erziehung im Schulwesen, sondern sie enthält zugleich Lebensweisheit. Seine Theorie begründet Comenius mit Aussagen der Heiligen Schrift. Die Bibel betrachtet er als einzige Grundlage der sittlichen Erziehung. So ist für Comenius die Erziehungsaufgabe unlösbar mit dem persönlichen Glauben verbunden. Sein Werk ist durch tiefe und Welt umspannende Gedanken charakterisiert. Aber er ist nicht der Mann, sie in die Praxis des Alltags umzusetzen. Wo er dazu veranlasst wird, vermag er die Jugend nicht zu begeistern und zu fesseln. Er hat stärker durch seine Schriften, durch seine Methode gewirkt, womit er der damaligen Pädagogik neue Wege gezeigt hat und auch noch gegenwärtige Bildungsbestrebungen beeinflusst. Comenius ist einer der großen europäischen Erzieherpersönlichkeiten.

Obwohl er im Dreißigjährigen Krieg seine Heimat, seine Familie, kostbare Manuskripte und dreimal den gesamten Besitz verlor, behielt er die Hoffnung, dass der Mensch ein Verlangen nach dem Guten in sich trage. „Alle Geschöpfe, die unvernünftigen nicht ausgenommen, haben von der Natur den Trieb erhalten, an jenen Dingen, die wohlgefällig und angenehm sind, Gefallen zu finden und ihrer zu begehren; um wie vielmehr der Mensch, in dem die angeborene Gabe der Vernunft die Begierde nach dem Guten und Angenehmen weckt."

Gustav II. Adolf

** Stockholm 19. Dezember 1594, gefallen bei Lützen 16. November 1632. Schwedischer König. Nach dem Tode des Vaters erklärte ihn der Reichstag 1611 für mündig, und er konnte den Thron besteigen. Nach innenpolitischen Reformen, unter maßgeblicher Beteiligung des Reichskanzlers Oxenstierna, und Friedensschlüssen mit Dänemark und Russland griff er 1630 in den Dreißigjährigen Krieg ein. Dabei ging es ihm weniger um die Verteidigung des Protestantismus als um den Ausbau der schwedischen Macht im Ostseeraum. Am 4. Juli 1630 landete er in Pommern und besiegte die kaiserlichen Truppen in allen Schlachten, bis er bei Lützen in einer Schlacht gegen Wallenstein fiel.*

„Glaubensfreiheit für die Welt / rettete bei Breitenfeld / Gustav Adolf / Christ und Held!" Diesen Vers haben unsere Großeltern und Urgroßeltern noch in der Schule gelernt und kaum wieder vergessen. Das war die Zeit, als in den Schulzimmern neben dem Bildnis Luthers auch das des Schwedenkönigs Gustav Adolf hing, wie er vor der Schlacht bei Lützen betete. In dem Flecken Lützen bei Leipzig wird heute noch alljährlich am 6. November der Toten der Schlacht und vor allem des dort 1632 gefallenen Königs Gustav Adolf gedacht.

Im Zeitalter des Konfessionalismus hieß es oft: Nachdem die Reformation den Deutschen ihre „lieben Heiligen" genommen, stellten sie in den leer gewordenen Raum Luther und Gustav Adolf. Etwas Richtiges ist daran; das Gedächtnis des Schwedenkönigs hat tiefe Wurzeln im deutschen Protestantismus. Zum anderen: Die Geschichte eben dieses Protestantismus hätte im 17. Jahrhundert vielleicht eine jähe Wende erfahren, wäre nicht Gustav Adolf über die Ostsee gekommen. Freilich hat man ihn lange Zeit zu unkritisch betrachtet, etwa in dem Sinne: „Er führte des Herren Kriege!" Da musste er nicht selten als Galionsfigur für ein religiös verbrämtes Soldatentum herhalten.

Er war eine bedeutende Persönlichkeit, was selbst seine schärfsten Kritiker späterer Zeiten – etwa Franz Mehring – betonen, ein Mann, der an Bildung die zeitgenössischen Herrscher haushoch überragte. Er faszinierte die Menschen, vor allem auch die Deutschen, obwohl er – zwar von seiner Mutter her Deutsch sprechend – als schwedischer Reichspolitiker ganz und gar von schwedischen Interessen bestimmt war. Doch waren in jener Zeit Politik und Religion eng miteinander verflochten. In eine lutherische, auch reformiertem Geist nicht verschlossene Familie hinein geboren, wurde er als Lutheraner erzogen. Sein Glaube war nie geheuchelt; Gott war ihm Wirklichkeit, ihm fühlte er sich als Regent verantwortlich – dennoch konnte er zuweilen sehr ungerecht sein. Politische und religiöse Gründe führten zu seinem Eingreifen in den Dreißigjährigen Krieg. Und dann musste er sich den Gegebenheiten stellen, musste alte Pläne durch neue ersetzen. So musste er einsehen, dass er die deutsche Kaiserkrone nicht würde erlangen können. Doch König Gustav Adolf wandelte sich tatsächlich. Äußerlich wurde aus dem beweglichen „Kung Gösta" oder „Gösta Hakennase" ein korpulenter, cholerischer Herr. Innerlich wurde der geschulte Krieger zu einem Menschen, der die Güter des Friedens schätzen lernte. Vom starren Luthertum vollzog sich ein Wandel zur Toleranz. Und gerade diese Eigenschaften machen uns den König heute noch symphatisch und bedeutsam: Duldsamkeit, Gerechtigkeits- und Friedensliebe. So kann sein Gedächtnis heute nur die Mahnung an die Christenheit sein, sich vom unguten Eifer zum geschwisterlichen Verstehen führen zu lassen.

∴ *Paul Gerhardt* ∴

** Gräfenhainichen 12. März 1607, † Lübben 27. Mai 1676. Bedeutendster evangelischer Liederdichter nach Luther. Sohn eines Gastwirts und Bürgermeisters, besuchte die Fürstenschule in Grimma, studierte ab 1628 Theologie in Wittenberg, wurde Hauslehrer, Hilfsprediger in Berlin und 1651 Propst in Mittenwalde/Mark. Als Diakon an der Berliner Nikolaikirche weigerte er sich 1666, das Toleranzedikt zu unterschreiben, verlor daraufhin seine Anstellung und wurde Privatlehrer; 1669 Archidiakon in Lübben, das damals nicht zu Preußen gehörte. Seine gefühlsinnigen, einen persönlichen Glauben wiedergebenden Lieder werden bis heute in christlichen Gemeinden gesungen.*

In einer Zeit, da vielen evangelischen Christen der Unterschied zwischen Lutheranern und Reformierten nicht mehr bekannt ist, scheint die Auseinandersetzung, die den Liederdichter Paul Gerhardt in eine schwere Lebenskrise gebracht hat, kaum noch verständlich: Als Diakon an der Berliner Nikolaikirche weigerte er sich 1666, das so genannte Toleranzedikt zu unterschreiben, das Streitigkeiten zwischen Lutheranern und Reformierten untersagte. Das konnte er mit seiner lutherischen Überzeugung nicht vereinbaren. Daraufhin wurde er vom Kurfürsten seiner Stellung enthoben. Dabei half ihm nichts, dass Anhänger beider Konfessionen, sonst die erbittertsten Feinde, für ihn baten. Selber sagte er: „... dass ich entweder unterschreiben oder meines Dienstes müßig gehen sollte, habe ich lieber das letzte als das erste erwählen wollen. Ich meinesteils lasse den lieben Gott hierunter walten, denn was würde mir's doch helfen, wenn ich gleich ein Königreich, ja die ganze Welt gewinnen könnte und sollte Schaden an meiner Seele leiden ..."

Zwar wurde er 1667 wieder zum Amt zugelassen, aber er verzichtete darauf und nahm 1669 die Stelle des Archidiakons in Lübben an, das damals zu Sachsen-Merseburg gehörte.

Von dieser streng lutherisch-orthodoxen Haltung ist in seinen Texten kaum etwas zu finden. In den etwa 130 geistlichen, gefühlvollen Liedern drückt sich ein persönlicher Glaube aus, tiefes Gottvertrauen und zweifelndes Fragen, enge Verbundenheit mit der Natur und Freude am einfachen, alltäglichen Leben. „Nun ruhen alle Wälder", 1648, „Geh aus, mein Herz, und suche Freud", 1656, „Befiehl du deine Wege", 1656, und „O Haupt voll Blut und Wunden", 1656, gehören noch immer zu den lebendigen, von den Christen vieler Konfessionen gesungenen Liedern. Im neuen Evangelischen Gesangbuch stehen über zwanzig Lieder, denen Gerhardts Texte zugrunde liegen.

Anders als die Gemeindelieder Luthers, die ihre Kraft aus der Auseinandersetzung und aus der Aufbruchsstimmung der Reformation beziehen, kommen Gerhardts Lieder persönlicher daher. Sie bezeichnen den Übergang vom oft trotzigen Bekenntnislied der Lutherzeit zum persönlichen Andachtslied. Persönliche Gebete und Lieder waren sie auch für ihren Verfasser selbst, dessen Leben durch den Dreißigjährigen Krieg, durch Schicksalsschläge und durch die Auseinandersetzungen um das Toleranzedikt von leidvollen Erlebnissen geprägt war.

Viele seiner Gedichte wurden von Johann Crüger vertont, der seit 1657 Kantor an der Berliner Nikolaikirche und mit Paul Gerhardt befreundet war. In Bachs Weihnachtsoratorium und in der Matthäus-Passion begegnen uns Paul Gerhardts Worte.

Paul Gerhardt hat als Dichter bis ins 20. Jahrhundert hinein auf deutschsprachige Lyriker gewirkt, unter anderem auf Christian Fürchtegott Gellert, Matthias Claudius, Joseph Freiherr von Eichendorff, Hermann Hesse und Albrecht Goes.

∽ *Philipp Jacob Spener* ∼

** Rappoltsweiler 13. Januar 1635, † Berlin 5. Februar 1705. Begründer des lutherischen Pietismus. Studierte ab 1651 Theologie in Straßburg, später in Basel, Genf und Tübingen, war Prinzenerzieher, 1663 Freiprediger am Straßburger Münster, 1666 Pfarrer und Senior der Geistlichkeit in Frankfurt am Main, 1686 Oberhofprediger in Dresden, schließlich 1691 Propst an St. Nikolai in Berlin. Seit 1670 hielt er in Frankfurt Versammlungen zur Predigtbesprechung ab. Sein Hauptwerk „Pia desideria. Oder, Hertzliches Verlangen nach gottgefälliger Besserung der wahren Evangelischen Kirchen", 1675, bildet die theologische Grundlage des lutherischen Pietismus.*

Spener wuchs in der Atmosphäre eines ausgesprochen milden Luthertums auf; damit hängt wohl auch zusammen, dass er der römisch-katholische Mystik und der ihr innerlich benachbarten puritanischen Lehre von der Selbstheiligung sehr offen gegenüber stand. – Seiner ganzen Art nach schien er zum Gelehrten bestimmt, hat er doch acht Jahre Theologie, Philosophie und Geschichte studiert. Aber er wurde dann doch Prediger, zunächst Freiprediger am Straßburger Münster, 1666 schon mit einunddreißig Jahren Pfarrer und Senior der Stadtgeistlichen in Frankfurt am Main. Dieses Amt verwaltete er zwei Jahrzehnte lang und führte etwas ganz Neues, damals noch Unbekanntes, ein: die Bibelstunde. Irgendein biblisches Buch wurde zugrunde gelegt und fortlaufend erklärt, außerdem sammelten sich hier besonders erweckte Christen zu Predigtbesprechungen. Spener sorgte sich um jeden Einzelnen dieses Kreises; die orthodoxe Schultheologie trat in den Hintergrund. Er verschaffte auch der zum bloßen Familienfest verflachten Konfirmation wieder geistliche Geltung; intensiv kümmerte er sich um die Unterweisung der Jugend, mit dem fruchtlosen Auswendiglernen des Katechismus usw. war es nicht mehr getan. – Alle diese Bestrebungen fasste er 1675 in einer Programmschrift mit dem barocken Titel „Pia Desideria oder herzliches Verlangen nach gottgefälliger Besserung der wahren evangelischen Kirchen“ zusammen. Mit dieser Schrift veröffentlichte Spener das Standardwerk des deutschen Pietismus, dem Zustimmung und Ablehnung gleichermaßen entgegengebracht wurden. Spener wollte mit seinem Aufruf nichts Geringeres erreichen als eine zweite Reformation, eine gründliche Selbstreinigung der evangelischen Kirche. – 1686 wurde Spener als Oberhofprediger nach Dresden berufen, geriet aber hier in Widerspruch zum Kurfürsten und fand in der Pfarrerschaft nicht den erhofften Rückhalt. So verließ er 1691 Dresden und wurde Propst an St. Nikolai zu Berlin, der Kirche Paul Gerhardts. Durch die pietistenfreundliche Haltung des brandenburgischen Hofes konnte er hier viel für die Ausbreitung der Bewegung tun. Dazu gehörte in erster Linie die Förderung der Universität Halle und August Hermann Franckes. – Die Zahl seiner Freunde und Schüler nahm immer stärker zu. Sein seelsorgerlicher Briefwechsel war so umfangreich, dass er vom Kaiser Postfreiheit erhielt.

Speners Bedeutung beruht – außer auf seiner praktischen Regsamkeit, seinem Zielbewusstsein, seiner verständnisvollen Seelsorge – vor allem auf seiner theologischen Klarheit. Sein Hauptanliegen war die Wiedergeburt. Die „Pia Desideria“ haben ihr Gewicht in der bestimmten Erwartung, dass Gott, seiner Verheißung gemäß, die Kirche zu einer gewissen Vollkommenheit führen und dadurch römische Katholiken, Juden und Heiden bekehren werde. Speners Überlegungen und Anregungen wirken bis in die Gegenwart.

∴ Isaac Newton ∴

** Woolsthorpe (bei Grantham) 4. Januar 1643, † Kensington (heute zu London gehörig) 31. März 1727. Englischer Naturforscher. Sohn eines Landwirts, studierte ab 1661 in Cambridge Mathematik, wurde 1669 dort Professor für Physik und Mathematik, später Vertreter der Universität im englischen Parlament, 1699 Vorsteher der königlichen Münze in London, 1703 Präsident der Royal Society. Begründer der klassischen theoretischen Physik und, neben Galilei, der exakten Naturwissenschaften überhaupt. Erfinder der Differential- und Integralrechnung; Entdecker des Gravitationsgesetzes, Begründer der Akustik und Entdecker der Spektralfarben.*

„Er überragt an Geist das Menschengeschlecht", diese Worte des Lukrez stehen auf einem Newton-Standbild in Cambridge. Und die Inschrift ist nicht übertrieben. Er ist bekannt als einer der bedeutendsten Naturforscher. Doch die Wenigsten wissen, dass seine Zeitgenossen ihn als „Mathematiker, Philosophen, Theologen" rühmten. John Locke zum Beispiel schrieb: „Newton ist wirklich ein bemerkenswerter Gelehrter, und nicht nur dank seiner erstaunlichen Leistungen in der Mathematik, sondern auch in der Theologie und dank seiner großen Kenntnisse in der Heiligen Schrift, worin sich kaum einer mit ihm messen kann!" Newton selber hat zeitweise die theologischen Arbeiten als sein Hauptwerk angesehen. Alle seine naturwissenschaftlichen Forschungen und Arbeiten standen jedenfalls unter diesem Gesichtspunkt. So gab er auch seinen beiden naturwissenschaftlichen Hauptwerken ein religiöses Schlusswort. Newtons Entdeckungen bedeuten einen Wendepunkt in Naturwissenschaft und Mathematik. Durch zähe Ausdauer, klares, unbestechliches Denken in planvoller Arbeit hat er seine bedeutenden Resultate erzielt. Er stellte an sich und sein Werk die höchsten Forderungen; Scheu vor der Preisgabe des vermeintlich Unzulänglichen bewog ihn, seine Erfindung der Integralrechnung erst zwanzig Jahre später öffentlich bekannt zu machen. Newton wollte nicht mit Erfolgen glänzen. Dennoch genoss er in seinen letzten Lebensjahren einen ungeheuren wissenschaftlichen Erfolg. Er wurde zur „unbestrittenen Autorität der gesamten Kulturwelt". Aber er blieb bis an sein Ende einfach und bescheiden im täglichen Leben und im Umgang mit seinen Mitmenschen. Er war ein ruhiger, in sich gekehrter Mensch, oft einsam; denn er hat in seinem Leben kaum einen vertrauten Freund gehabt. Er galt als schlechter Gesellschafter und schien ständig in Gedanken versunken.

Bescheiden sagte er über sein Lebenswerk: „Ich weiß nicht, wie ich der Welt erscheinen mag, aber mir selber komme ich nur wie ein Junge vor, der am Meeresstrande spielt und sich darüber freut, dass er ab und zu ein ungewöhnlich buntes Steinchen oder eine tote Muschel findet, während sich der große Ozean der Wahrheit in seiner unermesslichen Unerforschtheit vor ihm ausdehnt."

In seinem Hauptwerk, den 1686 erschienenen „Philosophiae naturalis principia mathematica" (Mathematische Prinzipien der Naturlehre), formulierte er Gesetzmäßigkeiten der Mechanik, u. a. das Gravitationsgesetz, erklärte die Gezeiten, legte die Grundlagen der Potentialtheorie und behandelte Schwingungsprobleme sowie Strömungsvorgänge. Er entdeckte die Zusammensetzung des weißen Lichts aus verschiedenen Spektralfarben und schuf die Voraussetzungen für die einheitliche Naturwissenschaft der Neuzeit. Erst die Einsteinsche Relativitätstheorie schränkte die universelle Gültigkeit seiner Grundlagen der Mechanik ein.

∽ Gottfried Wilhelm Leibniz ∼

** Leipzig 1. Juli 1646, † Hannover 14. November 1716. Philosoph und Naturwissenschaftler, letzter Universalgelehrter Europas. Sohn eines Rechtsanwalts, studierte Philosophie, Rechtswissenschaft und Mathematik, wurde juristischer und diplomatischer Berater in kurmainzischem Dienst, reiste nach Paris und London, wo er jeweils mit den führenden Mathematikern und Naturwissenschaftlern zusammentraf. Unter seinem maßgeblichen Einfluss wurde 1700 die Akademie der Wissenschaften in Berlin gegründet, deren erster Präsident er auf Lebenszeit wurde. Die Ergebnisse seiner mathematischen und philosophischen Forschungen wirken bis in die Gegenwart.*

Leibniz ist einer der wenigen Geister der Neuzeit, die noch einmal die ganze Welt umfassten: als Philosoph mit Augustin, Thomas von Aquin und Hegel in einem Atem zu nennen; als Mathematiker schöpferisch wie Newton, erfand er unabhängig von diesem die Infinitesimalrechnung; als Theologe bedeutsam durch seine „Theodizee“, damals „das Lesebuch des gebildeten Europa“.

Er kannte keine Kluft zwischen Philosophie und Glauben; das entsprach der tiefen, in christlicher Liebe gegründeten Verbindlichkeit seiner Wesensart, die ganz auf Verständigung, Vermittlung, Brückenbau, Arrangement ausgerichtet war. Daher seine hohen diplomatischen Fähigkeiten; daher seine Größe als Gelehrter, der sich vom unbedingten Primat des Positiven leiten ließ: „Jeder Denker hat Recht in dem, was er bejaht“, einzig in seinen Verneinungen könne er irren; daher schließlich seine Philosophie, die in Welt und Leben zwar Übergänge, aber keine schroffen Gegensätze kennt. Entwicklung ist eines der Kernworte seiner Philosophie – Entwicklung statt Abbruch und Neuanfang. Sein umfassender Geist hätte nie verstanden, dass Glaubenswahrheiten der Vernunft widersprechen könnten. Er wollte auch hier versöhnen: den Glauben mit der Philosophie. Das zeigt etwa der Schlusspassus des „Discours de metaphysique“, in dem es heißt: „Jesus Christus allein hat gezeigt, wie sehr Gott uns liebt und mit welcher Genauigkeit er für alles, was uns angeht, Sorge getragen hat; er hat uns gezeigt, dass Gott die vernünftigen Geschöpfe nicht vergessen wird; dass eher Himmel und Erde vergehen werden, als dass sich das Wort Gottes und alles, was zur Ordnung unseres Heiles dient, änderte; dass die Seelen der Gerechten in Gottes Hand sind, sicher vor allen Umwälzungen des Universums, da nichts auf sie wirken kann außer Gott allein; dass keine unserer Taten vergessen bleibt; dass alles angerechnet wird; und endlich, dass alles zum größten Wohl der Guten ausschlagen muss und daß weder unsere Sinne noch unser Geist je etwas gekostet haben, was der Glückseligkeit nahe käme, die Gott denen bereitet hat, die ihn lieben.“

Die Elemente der Welt sind für ihn die so genannten Monaden, sozusagen geistige Atome. Jedes einzelne dieser Kraftzentren ist individuell, einmalig und so Abglanz der Urmonade, nämlich Gottes, welcher der Einzige schlechthin ist. Alle Monaden sind tätig, niemals ruhend, und ihr Streben besteht darin, sich „aufzuklären“, nämlich zu höherer Bewusstheit zu gelangen. Die niedrigsten Monaden sind die noch nicht zum Bewusstsein gelangten (etwa das pflanzliche Leben). Das Zusammenwirken der Monaden geschieht in einer Harmonie, die von Gott „prästabiliert“, das heißt von Ewigkeit her festgelegt und vorausgeschaut ist. Jede Monade spiegelt in sich das Universum; ein relativ vollkommener Spiegel ist das menschliche Bewusstsein.

August Hermann Francke

** Lübeck 22. März 1663, † Halle an der Saale 8. Juni 1727. Begründer des halleschen Pietismus. Sohn eines Juristen, studierte Theologie und Philosophie in Erfurt, Kiel und Leipzig, wurde 1689 Dozent an der Universität Leipzig; Auseinandersetzungen mit der lutherischen Orthodoxie wegen seiner vom Pietismus geprägten Vorlesungen; musste Leipzig verlassen, ging zuerst als Diakon an die Augustinerkirche nach Erfurt, später nach Halle an der Saale, wo er ein Waisenhaus und eine Armenschule gründete, aus denen später die so genannten Franckeschen Stiftungen hervorgingen. Um Bibeln billig verkaufen zu können, gründete er mit C. H. von Canstein eine Bibelanstalt.*

August Hermann Francke, Kopf des halleschen Pietismus, Schöpfer der nach ihm benannten „Stiftungen" in Halle, war von den Ideen Philipp Jacob Speners beeindruckt und versuchte, sie in der Universitätsausbildung ebenso umzusetzen wie im alltäglichen Leben. Mit glänzenden Geistesgaben ausgestattet, hatte er sich schnell besondere wissenschaftliche Kenntnisse, unter anderem in den beiden Ursprachen der Bibel erworben. Nach dem Studium von Philosophie und Theologie in Erfurt, Kiel und Leipzig wurde er 1685 Dozent in Leipzig. Zur Glaubensvertiefung gründete er ein „Kränzchen der Bibelfreunde". Seine von der pietistischen Erweckung geprägten Vorlesungen über das Alte und das Neue Testament führten zu Auseinandersetzungen mit der lutherischen Orthodoxie. 1690 musste er Leipzig verlassen und bekam durch Speners Vermittlung eine Professur für orientalische Sprachen in Halle an der Saale und eine Pfarrstelle in Glauchau. Seine Schriftauslegung erreichte bei aller Wissenschaftlichkeit auch die weniger Gebildeten unter seinen Zuhörern. Sein ganzes Leben lang hat er daran festgehalten, die Bibel als das Lebensbuch allen, Gelehrten und Ungelehrten, nahe zu bringen.

1695 gründete er das Hallesche Waisenhaus und sorgte selbst für die Ausbildung von Lehrern für seine Anstalt. Die Erziehung war durch strenge Beaufsichtigung der Zöglinge gekennzeichnet, Spielen und Märchenlesen waren verpönt. Franckes Ziel war die Geschlossenheit der Bildung; Wissen und Können sollten nicht um ihrer selbst willen, sondern Gott zu Ehren erworben werden.

Franckes Lebenswerk, in dessen Mittelpunkt die Erziehung von Kindern und Jugendlichen stand, war nicht die Frucht eines vorbedachten Planes, sondern entsprang dem Eifer seines Glaubens. Wo er eine Not sah, sei es in seiner Gemeinde oder unter den Studenten der Universität, sann er auf Abhilfe, und wo ihm Mittel in die Hand gegeben wurden, setzte er sie voll ein, ohne sich um den Fortgang zu sorgen. 1710 gründete er mit C. H. von Canstein eine Bibelanstalt, um Bibeln auch an Ärmere billig verkaufen zu können.

Er hat den Pietismus, diese Gegenbewegung gegen die alleinige Vorherrschaft der Vernunft und gegen die Erstarrung kirchlicher Formen, erst zur Volksbewegung gemacht: Glaube sollte nicht im Fürwahrhalten von Dogmen stecken bleiben, sondern musste zu persönlichem Einsatz führen. Es war der Grundgedanke seiner Erziehungsarbeit, dass die Kinder durch das Evangelium, durch den lebendigen Glauben an Christus, zu inniger Vereinigung mit Gott und einem ihm wohlgefälligen Leben geführt würden. Ebenso hielt er es als Universitätslehrer für seine Aufgabe, die Studenten nicht allein mit Kenntnissen auszurüsten, sondern auf ihr ganzes Leben Einfluss zu gewinnen. Es war die Erkenntnis seiner eigenen Studienjahre, dass, wie er schrieb, „Glaube wie ein Senfkorn mehr gilt als hundert Säcke voll Gelehrsamkeit".

⁓ Georg Friedrich Händel ⁓

** Halle an der Saale 23. Februar 1685, † London 14. April 1759. Komponist. Sohn eines Wundarztes, 1702 erste Organistenstelle in Halle, ging ans Hamburger Opernhaus, nach Lübeck zu Buxtehude, dem damals berühmtesten Organisten; schrieb 1705 seine erste Oper, während einer Italienreise 1707–1710 lernte er u. a. Corelli und Scarlatti kennen, wurde Kapellmeister in Hannover und ließ sich 1712 in London nieder; ab 1713 erhielt er eine jährliche Pension vom Königshaus. Neben Opern („Radamisto", „Julius Cäsar in Ägypten"), Oratorien (Utrechter Tedeum) und Festmusiken (Wassermusik) entstand 1741 „Der Messias", eines der am häufigsten aufgeführten Chorwerke überhaupt.*

Auf Händels Grabdenkmal in der Westminsterabbey in London stehen die Anfangsworte der Messias-Arie: „Ich weiß, dass mein Erlöser lebt." Diese Worte wollen nicht nur an sein bekanntes Oratorium erinnern, sondern auch etwas über sein Wesen aussagen, das von einer schlichten, biblischen Frömmigkeit geprägt war. Hat er doch noch in seinen letzten Tagen den Wunsch ausgesprochen, am Karfreitag zu sterben, um „mit seinem guten Gott, seinem gnädigen Herrn und Heiland am Tage seiner Auferstehung vereint" zu sein. Dennoch wird man Händel nicht im engeren Sinne als Mann der Kirche, seine Werke nicht als spezifische Kirchenmusik in Anspruch nehmen können.

Sein Werk umfasst die ganze Breite der musikalischen Formen. Das Hauptgewicht liegt jedoch auf Oper und Oratorium. Die Berührung mit dem damaligen Opernschaffen suchte und fand er in Hamburg, wohin er sich bereits als Achtzehnjähriger von seiner Heimatstadt Halle an der Saale aus begab. Aus dieser Zeit schon stammen auch seine ersten kirchenmusikalischen Werke. Charakteristisch ist die im Jahr 1704 entstandene Johannespassion. Sie trägt deutlich den Charakter eines Jugendwerkes, freilich mit einem unverkennbaren Zug von künftiger Größe. 1705 erschien seine erste Oper „Almira", der in kurzen Abständen weitere folgten. 1707 bis 1710 weilte Händel in Italien, wo er seinen Stil unter dem Einfluss von Corelli, Scarlatti und anderen weiterentwickelte. Im Herbst 1710 siedelte er nach England über, und in diesem damals freiesten und fortschrittlichsten Land fand er Raum für ein umfassendes Wirken bis an sein Lebensende. Seine Oper „Rinaldo" (1711) machte ihn über Nacht zum berühmten Mann. Es entstand nun Oper auf Oper, daneben komponierte er Kirchenmusik (Utrechter Tedeum, Dettinger Tedeum, 100. Psalm), Orchestermusik (12 Concerti Grossi, die „Wassermusik", Oboenkonzerte), Kammermusik und Klaviermusik. Von 1732 ab arbeitete er vornehmlich an Oratorien. Teils liegen diesen Werken antike, teils biblische Stoffe zugrunde; immer jedoch spürt man in ihnen ein gegenwartsnahes, vorwärtsdrängendes Wollen („ich wünsche die Menschen mit meiner Musik nicht nur zu unterhalten, sondern zu bessern"). Der Höhepunkt seines Schaffens ist der „Messias" (1741). Geistig und musikalisch einzigartig und weiträumig angelegt, dabei in fasslicher Plastik und mit einfachen musikalischen Mitteln gestaltet, gehört dieses Werk zum wertvollen Erbe der Menschheit.

Händels letzte Jahre waren überschattet von einer gegen die italienische Oper als Adelsoper gerichteten bürgerliche Bewegung, die ihren Höhepunkt 1728 in der erfolgreichen Uraufführung von John Gays „Bettleroper" fand, einer Oper, die unter Huren und Dieben spielt und nicht nur Händels Opernstil verspottete, sondern zugleich die großbürgerlich-adlige Gesellschaft, die sich der großen Oper zu Repräsentationszwecken bediente.

Johann Sebastian Bach

* Eisenach 21. März 1685, † Leipzig 28. Juli 1750. Bedeutendster evangelischer Komponist. Sohn des Eisenacher Rats- und Stadtmusikus, früh verwaist, erste musikalische Unterweisung durch seinen Bruder in Ohrdruf, 1703 erste Anstellung am Weimarer Hof, ein halbes Jahr später Organist in Arnstadt, 1707 in Mühlhausen, 1708 erneut am Weimarer Hof, 1717 am Hof in Köthen und schließlich von 1723 bis zu seinem Tod Thomaskantor in Leipzig. Bach schrieb u. a. Kantaten zu den Sonn- und Festtagen des Kirchenjahres, ein Weihnachtsoratorium, Passionen, die h-Moll-Messe, Kammermusiken, das „Musikalische Opfer" und die „Kunst der Fuge".

Am 31. Juli 1750 wurde der Thomaskantor auf dem Johannisfriedhof in Leipzig beigesetzt. Dem großen „Virtuosen" wurden ehrende Nachrufe gewidmet. Von der Größe seines Werkes als Komponist hingegen ahnte man wenig. Bald war er vergessen, und man wusste kaum noch, wo er seine letzte Ruhestätte gefunden hatte. Seine Frau Anna Magdalena musste zwei Jahre nach dem Tode ihres Mannes beim Rat der Stadt um Almosen bitten. Mittelmäßige Musik wurde aufgeführt und gerühmt, von Bachs Werk sprach man kaum. Die Werke seiner Söhne, dem Geschmack des ausgehenden 18. Jahrhunderts mehr entsprechend, wurden denen des Vaters vorgezogen.

Erst im Jahre 1802 erschien eine Biographie, worin ihr Verfasser, J. N. Forkel, begeisterte Worte für Bach findet: „Und dieser Mann, der größte musikalische Dichter, den es je gegeben hat und den es wahrscheinlich je geben wird, war ein Deutscher." Allmählich wurde nun auch das Werk Bachs zu neuem Leben erweckt. Der junge Felix Mendelssohn-Bartholdy setzte sich mit großer Energie für die Aufführung der Matthäus-Passion ein (1829). Auch Beethoven hatte die Größe Bachs erkannt: „Nicht Bach, Meer sollte er heißen."

Allmählich wurde ein Werk nach dem anderen an die Öffentlichkeit gebracht. Mehrere Biographien erschienen in kurzer Folge (Spitta, Schweitzer, Schering, Terry und andere). Kaum überschaubar ist das kompositorische Schaffen Bachs: Er verfasste Passionen, Kantaten, von denen er fünf Jahrgänge für den sonntäglichen Gottesdienst komponiert hat und Orgelwerke – von ihm selbst meisterhaft gespielt und heute das ersehnte künstlerische Ziel zahlreicher Organisten. Als eines seiner größten Werke gilt die h-Moll Messe – von einem protestantischen Musiker geschaffen, aber dem katholischen Hof in Dresden gewidmet. Aber auch die Kammermusik nimmt einen breiten Raum ein, allem voran die „Brandenburgischen Konzerte", daneben Werke für Soloinstrumente, Triosonaten und Doppelkonzerte. Sie stammen aus der Zeit, als er in Köthen ein „weltliches Amt" innehatte.

Ob Kammermusik, ob Passion und Kantate, ob Orgelwerk und Choralvorspiel – letztlich stehen sie alle nicht nur unter der Überschrift „Soli deo gloria" (Allein Gott zur Ehre), sondern sind von einem Mann geschaffen, der bewusst und fest an Christus gebunden war. Dieses Verständnis wird am leichtesten bei den Passionen und Kantaten deutlich, wo die Musik in der Tat Auslegung des Wortes ist. Die mehrstimmigen Sätze wie „Befiehl du deine Wege", „Wenn ich einmal soll scheiden" und andere drücken musikalisch aus, was der Text in Worten sagt.

Wie sich unter Bachs Vorfahren viele Musiker fanden, setzt sich die Reihe unter seinen Nachkommen fort. Vor allem die Söhne Carl Philipp Emanuel und Friedemann wurden bekannt und ihre Werke werden heute noch gespielt.

∾ Gerhard Tersteegen ∾

** Moers (Niederrhein) 25. November 1697, † Mülheim an der Ruhr 3. April 1769. Mystiker, Dichter und Prediger. Sohn einer wohlhabenden Familie, muss nach frühem Tod des Vaters eine Kaufmannslehre absolvieren, frühzeitig Verbindung zu asketisch-pietistischen Kreisen, gibt den „Kaufhandel" auf, wird Bandweber, gibt 1728 auch diesen Beruf auf, um sich ganz der Seelsorge widmen zu können, schlug das Anerbieten Zinzendorfs aus, sich näher an die Brüdergemeine anzuschließen, verfasste sogar ein „Warnungsschreiben" gegen die Herrnhuter. Einige seiner Liedtexte sind auch im neuen Evangelischen Gesangbuch enthalten („Gott ist gegenwärtig" u. a.).*

Gerhard Tersteegen entstammte einer wohlhabenden Kaufmannsfamilie. Aber nach dem frühen Tod des Vaters konnte der begabte Lateinschüler nicht studieren, sondern musste eine Kaufmannslehre antreten und kam schon früh mit asketisch-pietistischen Kreisen in Verbindung. Auf einem Botengang, als er sich durch heftige Magenkrämpfe dem Tode nahe glaubte, gelobte er, sein Leben ganz im Zeichen des Glaubens zu führen. Er entschied sich gegen den „Kaufhandel" und erlernte den kärglichen, aber stilleren Beruf des Bandwebers, um – von der Welt zurückgezogen – seine Glaubensgrundsätze leben zu können. Fünf lange stille Jahre führte er ein dürftiges und streng asketisches Leben. Oft sah er wochenlang, selbst in Zeiten von Krankheit, keinen Menschen und vernachlässigte sich, lebte nur von Wasser, Milch und Mehl, aber betete viel und quälte sich mit seinen vergangenen Sünden. – In der Rückschau spricht er von jener selbstquälerischen Zeit als von den „Jahren der Finsternis" und gibt den guten Rat: „Denket nicht voraus und sehet nicht zurück, beides bringt Unruhe. Der gegenwärtige Augenblick muss eure Wohnung werden, darin findet man allein Gott und seinen Willen." Am Gründonnerstag des Jahres 1724 war diese Zeit zu Ende. Nun hatte er Christus gefunden. Die Skrupel waren vorbei, er war der Gnade und Vergebung Jesu gewiss geworden und führte ein durch Gebet und Arbeit geregeltes Leben. Nach Feierabend und nachts saß er über seinen Manuskripten. Bald musste er seinen Beruf aufgeben; denn von früh bis spät wollten Menschen seine Predigten hören und bei ihm beichten. – Tersteegen meinte, dass Gott nur in den stillen Seelen wohnt und dass diejenigen, die Gott im Herzen tragen, am Schweigen erkannt werden. Deshalb heißt es auch in seinen Ordensregeln für die „Pilgerhütte": „Betet viel und redet wenig." Das ist vielleicht Tersteegens besondere Botschaft an eine laute und betriebsame Zeit: der Ruf in die Stille, in der Gott allein redet.

Angesichts der Armut Tersteegens und seines schlechten Gesundheitszustandes ist heute schwer nachvollziehbar, dass er auf seine Zeitgenossen so nachhaltig wirken konnte. Aber sein Glaube überwand alle äußeren Hindernisse und war von tiefen Empfindungen geprägt, die er auch weitergeben konnte. Vielleicht spüren wir, welche Wirkung Tersteegen auf seine Zeitgenossen ausgeübt hat, vielleicht merken wir etwas von seiner Gottinnigkeit, wenn wir seine gefühlvollen Liedtexte lesen – etwa „Gott ist gegenwärtig" oder „Der Abend kommt, die Sonne sich verdecket ..." – Die Grundsehnsucht seines Lebens richtete sich auf Abgeschiedenheit und Stille. Doch nur zu Beginn und am Ende seines Wirkens wurden sie ihm geschenkt. Das Besondere seines Lebens besteht darin, dass er sowohl unter großen Erfolgen wie unter Widerspruch und Anfeindung immer der Gleiche geblieben ist: voller Liebe, die nicht fragt, woher ein Mensch kommt, sondern wohin er geht.

Nikolaus Ludwig Graf von Zinzendorf und Pottendorf

** Dresden 26. Mai 1700, † Herrnhut 9. Mai 1760, Begründer der Evangelischen Brüdergemeine, pietistischer Lyriker. Sohn eines kursächsischen Ministers, nach dessen frühem Tod wuchs er in Franckes Waisenhaus in Halle auf; Studium der Rechte und der Theologie; ab 1721 Hofrat in Dresden; siedelte auf seinem Gut ausgewanderte Böhmische Brüder an und begründete so die Brüdergemeine in Herrnhut, deren Vorsteher er wurde. Quittierte den Staatsdienst, wurde lutherischer Geistlicher, schließlich Bischof der Herrnhuter, förderte die Missionstätigkeit in Übersee; verfasste geistliche Lieder („Jesu, geh voran") und begründete die täglichen Losungen.*

Die über die ganze Welt verbreiteten Losungen der Brüdergemeine verdanken ihren Ursprung der persönlichen Frömmigkeit Graf Zinzendorfs. Seine Art, mit Christus zu leben, ließ ihn die Verschiedenheit der kirchlichen Bekenntnisse vergessen (ohne dass er sie etwa aufheben wollte). Vielleicht wäre er heute ein Verfechter der ökumenischen Idee. Die pietistische Erziehung, die er in den Franckeschen Stiftungen in Halle genossen hatte, setzte er in seiner Lebenswelt um: Er lebte die „Gleichzeitigkeit" mit Jesus, die Kierkegaard später so unerbittlich gefordert hat, theoriefrei, aus ursprünglichem Gefühl.

Als die Böhmischen Brüder um des Glaubens willen aus ihrer Heimat vertrieben wurden, nahm Zinzendorf diese Vertriebenen mit Freude in seinen Besitzungen in der Oberlausitz auf und gab ihnen nicht nur Land, sondern wurde auch zum Hüter ihres Glaubens. Aus armen Flüchtlingen und Neuansiedlern wurden des „Heilands fröhliche Leute". Zinzendorf war überzeugt, dass Gott ihm diese Brüder und Schwestern zugeführt hatte, und dementsprechend war sein persönliches Verhältnis zu ihnen. Sein Blick war weniger auf kirchliche Reformen oder auf theologische Überlegungen gerichtet als auf ein Christentum der Tat. Bei aller äußeren Milde kannte er keine Kompromisse, wenn es um das Bekenntnis des Glaubens ging.

Als Zinzendorf am dänischen Hof mit einem asiatischen Christen zusammentraf, der ihm die unhaltbaren Zustände in Westindien schilderte, reifte sein Plan für die Missionsarbeit. Seine Bemühungen ließen nicht eher nach, ehe sich Mitarbeiter aus dem Bruderkreis dafür freiwillig zur Verfügung gestellt hatten.

Bald geriet Zinzendorf mit den kirchlichen Behörden in Konflikt; er zog die Konsequenzen und trieb selber Mission unter den Indern. Nach seiner Rückkehr widmete er sich von neuem dem äußeren und inneren Aufbau der Brüdergemeine. Als älterer Mensch zog er sich zurück, um sich fortan ganz dem religiösen Studium zu widmen. Der liebend vorwurfsvolle Ruf des Gekreuzigten „Das tat ich für dich. Was tust du für mich?" ist für Zinzendorf nie verstummt. Sein ganzes Leben wollte Antwort auf diesen Ruf sein.

Allerdings sehen wir heute auch die Gefahren der Zinzendorfschen Frömmigkeit. Der Akzent verschiebt sich allzu leicht von dem Gnadenhandeln Gottes auf die Frömmigkeitsübungen des Menschen.

Trotzdem ist deutlich: Die von Zinzendorf gegründete Brüdergemeine, die „lutherische" und „reformierte" Christen umfasst, ist keine abgesplitterte „Sekte", sondern eine lebendige Gemeinschaft evangelischer Christen, die der ganzen Kirche dient.

John Wesley

** Epworth (Grafschaft Lincoln) 17. Juni 1703, † London 2. Mai 1791. Gemeinsam mit seinem Bruder Charles Begründer des Methodismus. Nach dem Theologiestudium in Oxford wurde er 1728 anglikanischer Geistlicher, ging als Missionar 1735 nach Georgia in Nordamerika, kam dort in Verbindung mit Missionaren der Herrnhuter Brüdergemeine; zurück in England erlebte er 1738 unter dem Eindruck von Luthers Vorrede zum Römerbrief seine Bekehrung. Auf ausgedehnten Reisen begründete er mit seinem Bruder den Methodismus; besonders viele Menschen erreichte er unter dem entstehenden Industrieproletariat, vor dem er teilweise drei-, viermal am Tag predigte.*

John Wesley stammt aus einem anglikanischen Pfarrhaus im Norden Englands. Er studierte Theologie an der Universität Oxford und wurde dort Leiter eines Studentenkreises, der die Pflichten des Studiums ernster nahm als die Kommilitonen und das kühne Programm aufstellte, das Urchristentum zu verwirklichen. Als Diasporapfarrer und Heidenmissionar ging er 1735 nach Georgia (Nordamerika), wo er mit Herrnhuter Brüdern und Salzburger Emigranten zusammentraf. Diese Begegnung mit dem deutschen Pietismus in zwei unterschiedlichen und teilweise sogar einander feindlichen Ausprägungen brachte ihm die Frömmigkeit der Herrnhuter Brüdergemeine nahe. Nach der Rückkehr erlebte er 1738 beim Vorlesen von Luthers Vorrede zum Römerbrief in einer Londoner Erbauungsversammlung seine Erweckung. Zuvor hatte er monatelang Glaubensgespräche mit dem Herrnhuter Peter Böhler aus Frankfurt am Main geführt. Aus Dankbarkeit besuchte er im Juli und August 1738 Marienborn bei Büdingen (Hessen) und Herrnhut, die beiden Zentren dieser Bewegung. Nach seiner Heimkehr begann er als freier Prediger die Massen, besonders das entstehende Industrieproletariat des Bergbaus, zum Evangelium zu rufen, und hatte damit eine ungeahnte Wirkung. Er widmete sich fortan völlig dieser Aufgabe, durcheilte ganz England, Schottland, Wales und Irland zu Pferde, predigte vor Tausenden, oft drei-, viermal am Tag, las und schrieb zwischendurch beim Reiten und bewältigte so ein Staunen erregendes Lebenswerk.

Er bildete eine große Schar von Laienpredigern und Laienpredigerinnen aus, belebte so das urchristliche und frühmittelalterliche Wanderevangelistentum, fasste die Gewonnenen in Kreisen zusammen und organisierte sie mit großem Geschick. Er richtete eine Schule in Kingswood (Bristol) für die Kinder der Ärmsten ein, die sich erfolgreich entwickelte. So begründete er die größte und nachhaltigste charismatische Erweckungsbewegung, die die Geschichte des Christentums kennt. Er prägte der Kirche die soziale, wirtschaftliche und politische Verantwortung als festen Bestandteil ihrer Arbeit ein: Sie ist seitdem ein Wesensbestandteil angelsächsischen Christentums. Die Prediger dieser „methodistischen" Bewegung wurden als Gewerkschaftsfunktionäre mitunter leitende Männer der Arbeiterbewegung.

Alle Anfeindungen von anglikanischer Seite, die sich durch diese missionarische Erweckungswelle herausgefordert fühlen musste, konnten den Siegeszug nicht aufhalten. Der Methodismus John Wesleys und seines vier Jahre jüngeren Bruders Charles wurde die größte und bedeutendste Freikirche. John Wesley selbst hat keinesfalls an eine Trennung von der anglikanischen Mutterkirche gedacht; erst unter seinen Nachfolgern kam es dazu. Der Methodismus wurde die führende „evangelische" Kirche in den Ländern englischer Sprache. – Wesleys Leitwort war: „Der Acker ist die Welt" (Matthäus 13,38).

∴ *Immanuel Kant* ∴

** Königsberg 22. April 1724, † Königsberg 12. Februar 1804. Einer der einflussreichsten deutschen Philosophen. Sohn eines Sattlers, studierte Mathematik, Physik und Philosophie; nach dem Tod des Vaters Hauslehrer; nach Promotion und Habilitation Privatdozent, später Unterbibliothekar an der königlichen Schlossbibliothek, 1770 Professor für Logik und Metaphysik, zweimal Rektor der Universität, hielt bis 1796 Vorlesungen, auch über Naturwissenschaften und Geografie. Hat den Raum um Königsberg nie verlassen. Kants Bedeutung liegt vor allem darin, dass er die Möglichkeit einer absoluten Erkenntnis des Seienden, wie es an sich selbst ist, verneint.*

Immanuel Kant, der „Zermalmer" der alten Verstandesmetaphysik, der mit seinen drei Hauptwerken („Kritik der reinen Vernunft", „Kritik der praktischen Vernunft", „Kritik der Urteilskraft") eine neue Epoche der Philosophie eingeleitet hat, dieser Denker, der eine Welt bewegt hat, obwohl er kaum aus Königsberg herausgekommen ist, wurde in früheren Jahrzehnten oft geradezu als „Philosoph des Protestantismus" gepriesen; hatte er doch die Ungültigkeit der überlieferten scholastischen Beweise für das Dasein Gottes bündig erwiesen und damit diese Art von Wissen eingegrenzt, um für den Glauben Platz zu bekommen.

Er hatte also aufgeräumt mit der Vergegenständlichung Gottes, deren sich alle frühere Metaphysik schuldig gemacht hatte. Gott ist kein Gegenstand des Wissens, der Mensch kann als Denkender nicht über Gott verfügen; das war das Ergebnis seines Nachsinnens: wichtig für die evangelische Theologie aller Zeiten, die streng daran festhalten muss, dass Glaube und Wissen nicht vermischt werden, sondern klar getrennt bleiben. Am Schluss aller drei Kritiken ist von den Themen der alten Metaphysik die Rede: von Gott, Freiheit, Unsterblichkeit. Hier lehrt Kant – das verborgen Christliche in ihm wird offenbar – einen geistigen Urgrund allen Weltzusammenhangs; hier vernehmen wir den verschämten Metaphysiker: Im Sein an sich sind Wesen möglich, die in keiner Weise je in unseren Erfahrungszusammenhang hineinragen können – Gott, reine Geister und geistige Ordnungen; möglich auch, dass die Dinge, deren Erscheinungen wir erfahren, in sich Kräfte tragen, die aller Wissenschaft unerfahrbar bleiben, ja deren Gesetze ad absurdum führen; Willensfreiheit und einfaches, unteilbares Insichsein der Seele. Menschliche Vernunft neigt jedenfalls zur Annahme solcher sinnlich unfassbaren „Gegenstände".

In Kants Religionsphilosophie allerdings wird das Christentum durchaus in Moral umgedeutet. Häufig erklärt Kant, dass er aus einem fromm pietistischen Elternhaus stammt: an den Stellen, wo er von Gott als dem Herzenskünder, dem gerechten Richter, dem allein Heiligen, allein Seligen und allein Weisen spricht und wo er – das Dogma der Erbsünde im Gedächtnis – das „radikale Böse" im Menschen als unbezweifelbar hinstellt. Klar sieht Kant die Erlösungsbedürftigkeit der menschlichen Natur. Er kann sich der Wirklichkeit des Heilands auch hier nicht entziehen. So durchbricht er ständig die Vernunftreligion und erweist sich im Innersten seines Wesens als Christ. Auch als solcher, nicht nur als scharfsinniger Denker, hat er auf die Zeitgenossen gewirkt. So hat zum Beispiel Schiller auf dem Sterbebett sich keinen besseren Trost gewusst als Kants erhabene Sätze über Unsterblichkeit. Er ließ sich diese Sätze vorlesen, die einen letzten dünnen Abglanz altchristlicher Frömmigkeit und biblischen Trostes an sich tragen.

∴ *Friedrich Gottlieb Klopstock* ∴

** Quedlinburg 2. Juli 1724, † Hamburg 14. März 1803. Dichter, Sohn eines Advokaten und späteren Gutspächters, erhielt eine pietistische Erziehung, besuchte die Klosterschule Schulpforta, studierte Theologie und wurde 1748 schlagartig im gesamten deutschen Sprachraum bekannt als die ersten drei Gesänge (von später insgesamt zwanzig) seines Epos „Der Messias" erschienen. 1748–1750 Hauslehrer in Langensalza, 1750/51 Reise in die Schweiz; danach bis 1770 in Kopenhagen, erhielt vom dänischen König ein Stipendium; lebte ab 1770 ständig in Hamburg; galt zu Lebzeiten als größter Dichter Deutschlands, an seiner Beerdigung nahmen Zehntausende teil.*

Im Frühjahr 1748 erschienen in der Zeitschrift „Neue Beiträge zum Vergnügen des Verstandes und des Witzes", die nach ihrem Erscheinungsort auch „Bremer Beiträge" genannt wurde, die ersten drei Gesänge von Klopstocks Epos „Der Messias". Dies war die Geburtsstunde der neuen deutschen Literatur.

Mitten in die Plattheiten der dem Hofleben verpflichteten Gelegenheitsdichter, mitten in die unzähligen seichten religiösen Erbauungsschriften, in die berechnete Rationalität des Gottsched-Kreises und in die kraftlosen Dichtungen Bodmers trat mit dem „Messias" das Werk eines kraftvollen, jungen Dichters, der bürgerlich standesbewusst den erhabensten Stoff, der ihm zur Verfügung stand, die Erlösung der Menschen durch Jesus, den Messias, zu gestalten begonnen hatte.

Klopstocks Leistung besteht im Wesentlichen darin, dass er einen bedeutenden, allen seinen Lesern bekannten Stoff wählte, dass er der deutschen Sprache, die noch über wenige dichterische Ausdrucksmittel verfügte, in kühnem Zugriff die Form der reimlosen Hexameter gewann. Das ist der Vers, in dem Homers Epen geschrieben sind und den Johann Heinrich Voß in seinen Nachdichtungen für die deutsche Sprache zur Vollendung führen wird. Klopstock hat den von den einzelnen christlichen Konfessionen mit Unfehlbarkeitsanspruch in Besitz genommenen Stoff allen dogmatischen Streitigkeiten entzogen und ins Reich der Poesie erhoben. Er hat scheinbar so gegensätzliche geistige Strömungen wie Aufklärung und Pietismus aufgenommen, verarbeitet und zur Grundlage des „Messias" gemacht.

Zu Klopstocks Zeiten galt das Epos als die höchste Form der Dichtung. Diese Wertung, die in einer rückwärts auf Antike (Homer und Vergil) und Renaissance (Ariost und Tasso) gerichtete Literaturbetrachtung begründet ist, wurde von Klopstock übernommen. Durch die Entscheidung für das Epos erschwerte er weiten Leserkreisen den Zugang, und das volksverbunden, wenngleich „erhaben" angelegte Werk konnte nur durch einen relativ engen Kreis von Gebildeten aufgenommen werden.

Sie aber nahmen den „Messias" auf – und schieden sich an ihm. Den einen war er zu wenig aufgeklärt, zu wenig vaterländisch, die anderen lobten das bürgerliche Selbstbewusstsein, den hohen Stoff und die Sprachbeherrschung. Lessing und Herder haben sehr ausgewogen über den „Messias" geurteilt. Von Lessing stammt das bekannte „Sinngedicht": „Wer wird nicht einen Klopstock loben?/Doch wird ihn jeder lesen? – Nein./Wir wollen weniger erhoben/Und fleißiger gelesen sein."

Und Herder schrieb 1766, dass er sich eine „Wallfahrt sehr wünsche", um „Klopstocks Deklamation zu hören".

Neben dem „Messias" hat Klopstock formvollendete Oden, Dramen, Kirchenlieder und Epigramme verfasst. Seine Vorbildwirkung reicht bis ins 20. Jahrhundert hinein, als ihn der Dichter Johannes Bobrowski seinen „Zuchtmeister" nannte.

Matthias Claudius

** 15. August 1740 in Reinfeld (Holstein), † 21. Januar 1815 in Wandsbek (jetzt Stadtteil von Hamburg). Dichter und Publizist. Sohn eines Pfarrers, studierte in Jena Theologie, Rechts- und Staatswissenschaft; veröffentlichte als Redakteur in der Hamburger Zeitung „Adreß-Comptoir-Nachrichten" 1768/70 erste Buch- und Theaterbesprechungen. War von 1771 an knapp fünf Jahre Redakteur der Dorfzeitung „Der Wandsbecker Bote", die in ihren besten Zeiten 400 Abonnenten hatte. Claudius selbst bezeichnete sich oft als Wandsbecker Boten. Bekannt geblieben sind vor allem seine gemütvollen Gedichte und Lieder („Der Winter ist ein rechter Mann", „Der Mond ist aufgegangen").*

Von Matthias Claudius ist heute wohl nur noch das Abendlied „Der Mond ist aufgegangen" wirklich bekannt. Als Verfasser liebenswürdiger, gemütvoller Lieder, etwas hausbacken, zurückgezogen auf dem Lande lebend – so ist uns

Matthias Claudius in Erinnerung. Aber das ist nur ein Teil seines Schaffens, und nicht einmal derjenige, mit dem er auf seine Zeitgenossen am meisten wirkte.

Nach dem Studium der Theologie, der Rechts- und Staatswissenschaften in Jena, das er aufgrund seines schlechten Gesundheitszustandes abbrechen musste, wurde er – nach kurzer Tätigkeit als Sekretär eines Grafen Holstein in Kopenhagen – 1768 Hilfsredakteur der neu gegründeten Hamburger Handelszeitung „Adreß-Comptoir-Nachrichten". Bereits hier entwickelte er seinen originellen, sehr persönlichen Stil. Bald wurde er Redakteur der Zeitung und verlieh ihr mit den Besprechungen belletristischer Bücher und wichtiger Theateraufführungen neben den Schiffs- und Handelsnachrichten, die ja den eigentlichen Inhalt der „Nachrichten" bildeten, ein eigenes Gesicht.

Noch im Herbst 1768 lernte er Lessing kennen, den er zeitlebens schätzte, und der ihm gleichermaßen Achtung und Wohlwollen entgegenbrachte. Den Höhepunkt seiner öffentlichen Wirksamkeit erlangte Claudius, als er von 1771 an knapp fünf Jahre Redakteur der Zeitung „Der Wandsbecker Bote" war. Dabei handelte es sich um ein Dorfblättchen, das viermal wöchentlich erschien und in seinen besten Zeiten 400 Abonnenten hatte. Es hatte bereits früher Dorfzeitungen in Wandsbek gegeben, das damals zu Dänemark gehörte und von den Hamburger Bürgern gern als nahegelegenes Ausflugsziel besucht wurde. Waren die früheren Zeitungen tatsächlich vom einfachen Volk gelesen worden, so wurde der „Bote" unter Claudius zu einer in ganz Deutschland geschätzten gelehrten Zeitschrift. Neben ihm selbst kamen Dichter wie Goethe, Lessing, Herder, Klopstock, Voß, Hölty und Bürger zu Wort. Claudius besprach wichtige literarische Neuerscheinungen, dabei stets eindeutig und furchtlos Partei ergreifend. Seine Kritiken bestanden oft nur in herzlicher Zustimmung oder in erbitterter Ablehnung. Er urteilte stets sehr subjektiv.

Obwohl die besten Literaten der Zeit im „Wandsbecker Boten" veröffentlichten, musste sein Erscheinen aufgrund mangelnder Abonnenten eingestellt werden. Daraufhin ging Claudius nach Darmstadt, kehrte aber 1777 mit seiner Frau, seinem „Bauernmädchen Rebecca", und der immer größer werdenden Familie ins „liebe Wandsbek" zurück, wo er sich mühsam als freier Schriftsteller und Übersetzer durchschlug, bis ihm 1785 der dänische Kronprinz ein Jahresgehalt bewilligte und zum Revisor der Schleswig-Holsteinschen Bank in Altona ernannte.

Von seinem umfangreichen Werk, das ab 1775 gesammelt unter dem Titel „Asmus omnia sua secum portans oder Sämtliche Werke des Wandsbecker Boten" erschien, gehören einige Theaterkritiken (z. B. über Lessings „Minna von Barnhelm") sowie einige von unsentimentaler, tiefer Frömmigkeit getragene Gedichte zum festen Bestand deutschsprachiger Literatur.

∴ *Johann Gottfried Herder* ∴

** Mohrungen/Polen 25. August 1744, † Weimar 18. Dezember 1803. Dichter, Theologe und Philosoph. Sohn eines Tuchmachergehilfen, studierte Theologie, wurde Prediger und Lehrer, reiste durch Frankreich, Belgien und Holland nach Hamburg, wo er u. a. mit Lessing und Matthias Claudius bekannt wurde. In Straßburg musste er sich schmerzhaften Operationen unterziehen, gewann dort großen Einfluss auf die Dichter des Sturm und Drang, vor allem auf Goethe, der später veranlasste, dass er als Hofprediger nach Weimar gerufen wurde. Verfasste geschichtsphilosophische und ästhetische Schriften, gab die Volksliedersammlung „Stimmen der Völker in Liedern" heraus.*

„In Europa ist die Sklaverei abgeschafft, weil berechnet ist, wie viel diese Sklaven mehr kosteten und weniger brächten, als freie Leute: nur eins haben wir uns noch erlaubt, drei Weltteile als Sklaven zu brauchen, zu verhandeln, in Silbergruben und Zuckermühlen zu verbannen – aber das sind nicht Europäer, nicht Christen, und dafür bekommen wir Silber und Edelgesteine, Gewürze, Zucker und – heimliche Krankheit: also des Handels wegen und zur wechselseitigen Bruderhülfe und Gemeinschaft der Länder!" – Der dies vor über 200 Jahren schrieb, war nach eigenen Worten „in Weimar nicht Prediger so schlechtweg, sondern Oberhofprediger, Oberkonsistorial und Kirchenrat, Generalsuperintendent, Pastor primarius und zehn Dinge mehr, eben so lange Namen", Johann Gottfried Herder.

Unter den Weimarer Klassikern ist er wohl der am wenigsten bekannte. Dabei kann seine Bedeutung für die Entwicklung der deutschen Literatur, Philosophie und Theologie gar nicht überschätzt werden. Er zählte zu den einflussreichsten Geistern des 18. Jahrhunderts.

1773 erschien die programmatische Aufsatzsammlung „Von deutscher Art und Kunst", in der Herder, Goethe und Justus Möser die geistigen Grundlagen der Sturm-und-Drang-Dichtung vorlegten. Herder schrieb, die Dichtung sei eine „Welt- und Völkergabe", die sich geschichtlich entwickle. Er wies den jungen Goethe nachdrücklich auf die Volkspoesien hin und gab lange vor den Romantikern eine große Sammlung von Volksliedern heraus, „Stimmen der Völker in Liedern".

Nicht wissenschaftliche Bildung, sondern tiefe, lebendige und wahrhaftige Empfindung mache den Dichter aus. Die eigene Muttersprache sei wichtiger als die Kenntnis der alten Sprachen und des Französischen. Sie sei die Grundlage für echte Dichtung. Herder dachte konsequent historisch: Sprachentstehung und -entwicklung waren für ihn ebenso geschichtliche Prozesse wie etwa das Entstehen und Vergehen von Staaten. Die erbliche Monarchie, gegen die er große Vorbehalte hegte, sei keineswegs für ewige Zeiten vom Himmel eingesetzt. Mehrere Male musste er die kritischen Abschnitte darüber in seinen „Ideen zur Philosophie der Geschichte der Menschheit" umarbeiten, ehe der Staatsminister Goethe sie genehmigte.

Auch die Beziehungen zwischen Männern und Frauen unterlägen der Entwicklung und seien daher veränderbar. Selbst die Bibel betrachtete er als ein geschichtlich bedingtes Buch. Er hat sich für die Erkenntnisse der Naturwissenschaften interessiert und sie für die Theologie nutzbar zu machen versucht. Er erklärte: „Ich weiß nicht, warum man bei der Theologie nicht so freien Sinnes und heitern Geistes sein könne als bei einer der andern Wissenschaften? Theologie ist gewissermaßen die liberalste von allen; eine freie Gottesgabe ans Menschengeschlecht. Theologen waren die Väter der Menschenvernunft, des Menschengeistes und Menschenherzen."

∼ *Johann Heinrich Pestalozzi* ∼

** Zürich 12. Januar 1746, † Brugg (Aargau) 17. Februar 1827. Pädagoge, Volksschriftsteller. Sohn eines Chirurgen, nach dessen frühem Tod Studium der Theologie und später der Rechte, erlernte die Landwirtschaft; gründete 1769 den Neuhof (im Aargau), ein landwirtschaftliches Gut, auf dem er Erziehung, Bildung und Erwirtschaftung des Lebensunterhalts verbinden wollte; scheiterte ökonomisch mit diesem und den meisten seiner folgenden ähnlichen Projekte; große Bedeutung für Entwicklung der Pädagogik, vertrat Prinzipien der Anschaulichkeit und Selbständigkeit, hielt auch die „niederen Menschen" für erziehbar zu „reiner Menschenweisheit".*

Die Übereinstimmung von Wort und Werk ist dem Pädagogen Pestalozzi wichtig. Seine Lehre versucht er praktisch zu leben. Doch dabei sind ihm seine Ungeschicklichkeit und mangelnde Menschenkenntnis gelegentlich im Wege. Sein weiches, trauriges Gesicht verrät, dass er wohl nie recht glücklich gewesen ist. In praktischen Dingen ungeschickt, verzweifelt er fast an seinen Aufgaben; immer wieder zerfällt, was er aufgebaut hat. Seine Landwirtschaft auf Gut Neuhof misslingt, die Armenschule dort muss wegen Bankrott schließen. Streitigkeiten zwingen ihn, die erfolgreiche Arbeit in Iferten zu verlassen, wo er in 20 Jahren eine Musterschule aufgebaut hatte, die von Zöglingen aus vielen Gegenden besucht wurde und wohin auswärtige Pädagogen reisten, um Pestalozzis Methoden kennen zu lernen und für ihre eigenen Bestrebungen nutzbar zu machen. Auch die Gründung einer Armenschule für Mädchen in Clindy bringt nicht den erwünschten Erfolg. Ebenso ringt er in seiner theoretischen, schriftstellerischen Arbeit mühevoll um den treffenden Ausdruck seiner Gedanken.

Obwohl Pestalozzi selber unzufrieden ist, obwohl er von manchen als Narr angesehen oder gar verachtet wird, haben seine Überlegungen und seine Arbeit große Bedeutung für seine Zeit und darüber hinaus. Das Ziel seiner pädagogischen Arbeit besteht darin, mit Hilfe der Erziehung eine Gesellschaft zu schaffen, die auch den Armen die Entfaltung ihrer seelischen und geistigen Kräfte, eine angemessene berufliche Entwicklung und damit wirtschaftliche Sicherheit ermöglicht. Als der Roman „Lienhard und Gertrud" (vier Bände, 1781/87) erscheint, findet sein Autor weit über die Grenzen der Schweiz hinaus Beachtung. Auch seine späteren Werke besitzen pädagogische Bedeutung. Als Waisenhausvater in Stans wirkt er selber praktisch pädagogisch in aufopfernder Weise. Den Erfahrungen, die er dabei gewinnt, gibt er 1801 in seinem Hauptwerk „Wie Gertrud ihre Kinder lehrt" Ausdruck.

Die Arbeit nachfolgender Erziehergenerationen an verwahrlosten, hirngeschädigten, blinden und taubstummen Kindern ist nicht ohne sein Boden bereitendes Wirken zu denken.

Pestalozzi ist ein bescheidener Mensch gewesen. „Alles für andere, für sich selber nichts", steht auf seinem Grabstein, der allerdings erst mehr als zehn Jahre nach seinem Tod gesetzt worden ist.

Indem Pestalozzi den Gedanken der Sittlichkeit aus dem christlichen Glauben herleitet, ist er ein zutiefst religiöser Erzieher. Seine Hoffnung besteht darin, dass sich gerade die Armen und Benachteiligten, deren Schicksal er in „Lienhard und Gertrud" anschaulich und in schlichter Sprache gestaltet, durch Liebe und erzieherische Unterstützung vervollkommnen. Sein Ziel ist letztlich eine allgemeine Volksbildung.

∴ *Friedrich Daniel Ernst Schleiermacher* ∴

** Breslau 21. November 1768, † Berlin 12. Februar 1834. Einer der bedeutendsten und einflussreichsten deutschen Theologen des 19. Jahrhunderts. Sohn eines Pfarrers, studierte in Halle Theologie, Philosophie und Alte Sprachen, starke Prägung durch den Pietismus der Herrnhuter Brüdergemeine, seit 1796 Prediger an der Berliner Charité, Kontakt mit den Vertretern der Romantik (Friedrich Schlegel) und den literarischen Salons; 1804–1806 Professor für Theologie und Universitätsprediger in Halle, bereitete u. a. mit Wilhelm von Humboldt die Gründung der Berliner Universität vor, wurde 1810 dort Professor; seit 1811 Mitglied der Königlichen Akademie der Wissenschaften.*

Schleiermacher war einer der einflussreichsten evangelischen Theologen des 19. Jahrhunderts. Als Prediger an der Berliner Charité schrieb er 1799 seine berühmten „Reden über die Religion, an die Gebildeten unter ihren Verächtern". In der Theologie und Kirchengeschichte sind sie bis heute von großer Bedeutung. Sie waren in der Zeit der Aufklärung ein kühner und neuartiger Versuch, auf die Notwendigkeit der Religion – wie Schleiermacher sie verstand – hinzuweisen.

Schleiermachers Theologie zu entfalten ist an dieser Stelle nur andeutungsweise möglich. Er hat in einzigartiger Weise ein Gesamtsystem der Theologie entworfen: Religion hat ihr Leben in Anschauung und Gefühl. Sie ist „Anschauung des Unendlichen im Endlichen, des Ewigen im Zeitlichen". Die Anschauung richtet sich auf das Universum, verstanden als die Welt in ihrer geistigen und geschichtlichen Qualität. Ziel seiner theologischen und erzieherischen Arbeit ist ihm die christliche Frömmigkeit. Diese zeigt sich in Gefühlen von Ehrfurcht gegenüber dem Universum, von Demut im Bezug auf mich selbst, von Liebe zu den Menschen als Darstellern der Menschheit und dazugehöriger Dankbarkeit, von Mitleid und Reue. Schleiermacher bezeichnet das Christentum als Religion der Religionen und zugleich als ihre Kritik. Der Glaube, wie er ihn versteht, weiß um die Erlösungsbedürftigkeit und um die Erlösung des Menschen. Für ihn, der stark durch seine herrnhutische Erziehung geprägt bleibt, ist Religion „Frömmigkeit, in der wir unserer selbst als schlechthin abhängig bewusst sind". Die „Zentralanschauung" des Christentums liegt für ihn im Erfolg des Mittlertums, das in der Person und dauernden Wirksamkeit des Erlösers Christus verkörpert wird. Von daher erscheint die Kirche als höchste Gestalt menschlicher Gemeinschaft; denn Offenbarung, Dogma, Kult werden als Gestaltungen, als Vergegenständlichungen der Frömmigkeit verstanden.

Wie alles bei Schleiermacher auf das Praktischwerden drängte, so zeigte sich diese Charaktereigenschaft auch in seinem Beruf als Lehrer und Erzieher. Er war eine ganz ursprüngliche und praktische Erziehernatur. „Es scheint mir die unnachlässige Pflicht jedes Menschen zu sein, andere zu erziehen, es mögen nun Alte sein oder Kinder, eigene oder fremde. Ich habe dieser Pflicht noch lange nicht Genüge getan" (1798). Dieser Drang zum tätigen Eingreifen ermöglichte Schleiermacher die führende Mitwirkung an der preußischen Unterrichtsreform und bei der Gründung der Universität Berlin. Leidenschaftlich rief er 1813 zu den Befreiungskriegen. Er war ein Vorkämpfer gegen die politische und kirchliche Reaktion, ein Fürsprecher der Union von Lutheranern und Reformierten. Er war ein Gelehrter und Denker ersten Ranges, dessen außerordentliche Vielseitigkeit gepaart war mit einer überzeugenden, gewinnenden Frömmigkeit und einem nicht nachlassenden Engagement als Prediger.

Ernst Moritz Arndt

** Groß-Schoritz (Rügen) 26. Dezember 1769, † Bonn 29. Januar 1860. Politiker, Historiker, Schriftsteller. Geboren als Sohn eines ehemals leibeigenen Pächters, studierte Theologie und Geschichte in Greifswald, das damals zu Schweden gehörte, und in Jena; wurde Hauslehrer, verzichtete auf den geistlichen Stand. Fußreise durch Europa; auf der Flucht vor Napoleons Truppen nach Schweden; rief 1808 zur Erhebung gegen Napoleon auf; übte verschiedene Tätigkeiten aus (u. a. als Privatsekretär des Freiherrn vom Stein in Petersburg); seit 1813 wieder in Deutschland; Professor für Geschichte in Bonn, Repressalien wegen oppositioneller Aktivitäten; 1848/49 Abgeordneter der Nationalversammlung in Frankfurt am Main.*

Ernst Moritz Arndt hat in seinem langen Leben hohe Ehrungen und tiefe Demütigungen erfahren müssen. Auf jeden Fall nötigt uns seine Art, Christ zu sein, Respekt ab. Um aus religiösen Zweifeln zur Klarheit zu kommen, unternimmt der junge Arndt 1798/99 eine Fußwanderung durch Europa, „ein Einfall von Gott, denn ohne sie wäre ich vielleicht nie ein Mann geworden". Das formale Denken ist nicht seine Sache; echt romantisch gibt er dem Gefühlsleben den Vorzug. Deshalb hat er sich nie auf dogmatische Formulierungen festgelegt, wissend, dass alles, was wir über Gott sagen können, nie voll entsprechend gesagt werden kann. – 1804/05 reist er durch Schweden und flieht kurz darauf vor Napoleons Truppen erneut nach Stockholm. Dort macht er die Bekanntschaft der schwedischen Baronin von Munck, durch die er ein positives Verhältnis zum Christentum zurückgewann. Er wird zum Dichter zahlreicher Kirchenlieder; zwei davon stehen noch in unseren Gesangbüchern („Kommt her, ihr seid geladen", „Ich weiß, woran ich glaube"), während seine Kinderlieder und -gebete weithin vergessen sind („Der heil'ge Christ ist kommen", „Als ich ein Kind war", „Des Knaben Abendgebet", „Du lieber, heil'ger frommer Christ"). Vaterlandsliebe und christliche Ewigkeitsgedanken miteinander zu verschmelzen ist eines seiner Anliegen. „Mit Gott und Liebe bleibt kein Mensch allein." – So begeistert er sich für den Befreiungskrieg gegen die französische Besatzung einsetzt und so hoch geehrt er ist, so tief wird er später gedemütigt. 1819 wird er wegen oppositioneller Auffassungen als „Demagoge" verhaftet; wegen seiner Teilnahme an der Burschenschaftsbewegung verliert er 1821 seine Anstellung als Professor in Bonn; 1834 ertrinkt sein jüngster und nach Arndts Urteil begabtester Sohn im Rhein. Seine Klagelieder um den Sohn und die anschließenden geistlichen Lieder gehören zu den bewegendsten Zeugnissen eines starken Glaubens.

„O mein süßes Leben!
Alters Lust und Zier!
Könnt' ich mit dir schweben!
Wär ich stets bei dir!
Von dem Staubgewimmel,
Von den Gräbern fern,
Stets in deinem Himmel,
Stets auf deinem Stern!"

Und mit 84 Jahren schreibt er: „O Gottes Geist und Christi Geist, der uns den Weg zum Himmel weist, der uns die dunkle Erdennacht durch seine Lichter helle macht. / Du Hauch, der durch das Weltall weht, als Gottes stille Majestät, du aller Lichter reinstes Licht, erleucht uns Herz und Angesicht."

∽ Carl Friedrich Schinkel ∽

** Neuruppin 13. März 1781, † Berlin 9. Oktober 1841. Architekt und Maler. Studium der Baukunst, ab 1800 erste Bauaufträge, 1803–1805 Italien- und Frankreichreise; nach anfänglicher romantischer Hinwendung zum Mittelalter Entwicklung zum bedeutendsten klassizistischen deutschen Architekten des 19. Jahrhunderts, nahm antikisierende und neugotische Elemente auf, schuf Bühnenbilder (u. a. zur „Zauberflöte"); seine bedeutendsten Bauten in Berlin sind das Schauspielhaus am Gendarmenmarkt, die Neue Wache, Unter den Linden, das Alte Museum am nach seinen Plänen gestalteten Lustgarten sowie die englischen Vorbildern verpflichtete Friedrich-Werdersche Kirche.*

„Wir müssen das, was die christliche Religion in die Kunst gebracht hat, aufnehmen und unter den Einflüssen der Schönheitsprinzipien, welche das heidnische Altertum lieferte, weiter fortbilden und zu vollenden streben." In diesem Ausspruch des jungen Carl Friedrich Schinkel liegt der Schlüssel zum Verständnis seines Schaffens. Diese Forderung erwächst aus dem Gegenüber von romantischen und klassizistischen Strömungen im beginnenden 19. Jahrhundert als Reaktion auf Barock und Rokoko. Im Widerstreit zwischen Romantik und Klassizismus sucht Schinkel neue Wege zu einem „modernen Gepräge".

Schinkel steht anfänglich den Romantikern sehr nahe. Seine frühen Arbeiten sind auch aus dem Überschwang religiös-romantischen Gefühls zu verstehen. Als Beispiel mögen der 1810 entstandene Entwurf zum Mausoleum für die Königin Luise und die gleichzeitige Lithographie mit dem oft behandelten Thema einer gotischen Kathedrale genannt sein. Der Lithographie gibt Schinkel die charakteristische Bezeichnung: „Versuch, die liebliche, sehnsuchtsvolle Wehmut auszudrücken, welche das Herz beim Klange des Gottesdienstes herschallend erfüllt."

Mit der Ernennung zum Geheimen Oberbaurat beginnt im Schaffen Schinkels ein Reifeprozess. Das Hauptgewicht liegt nicht mehr in der Malerei, sondern auf dem Gebiet der Baukunst. Es beginnt der Weg, der ihn über eine straffe Ordnung der Architekturformen und eine Neigung zu klassizistisch strengen Linien schließlich dazu führt, sich bewusst vom rein klassizistischen und neugotischen Stil zu lösen. Auf diesem Wege liegen der Bau der „Neuen Wache", des Schauspielhauses, des Alten Museums, des Schlosses in Tegel und der Bauakademie. Auf der Höhe seiner Schaffenskraft setzt sich Schinkel mit der Frage des protestantischen Kirchenbaus auseinander. Es sind nicht in erster Linie formale Gründe, die ihn leiten. Er entfaltet seine ganze Persönlichkeit und sein geniales Können. „Ein Gebäude, worin man gut sehen und hören kann, ist noch keine Kirche", so schreibt er. Schinkel sieht das Problem des protestantischen Kirchenbaus in der Forderung nach einem Predigt- und Sakralraum. Seine Kirchenbauten und Entwürfe zeigen das Ringen um Harmonie zwischen liturgischer und praktisch-architektonischer Raumprägung. Von der getrennten Predigt- und (Abendmahls-)Feierkirche über den Zentralraum bis zur Lösung in der Doppelkanzel, beidseitig vom Altar, führt er die mannigfachen Möglichkeiten eines protestantischen Kirchenraumes vor. Nur wenige seiner Entwürfe werden ausgeführt, unter anderem die Friedrich-Werdersche Kirche in Berlin und die Nikolaikirche in Potsdam. Doch in seinen Entwürfen leistet Schinkel einen wesentlichen Beitrag zur Theorie und Praxis des Kirchenbaus im 19. und 20. Jahrhundert: wichtige Wegweisung zum Verständnis des protestantischen Kirchenraumes auch noch heute.

∴ *Friedrich Wilhelm August Fröbel* ∴

* *Oberweißbach/Thüringer Wald 21. April 1782, † Marienthal (heute zu Bad Liebenstein gehörend) 21. Juni 1852. Erzieher. Entwickelte auf der Grundlage eines religiös-mystischen Weltbildes Vorstellungen einer ganzheitlichen Erziehung, besonders der Vorschulkinder; gründete 1816 in Thüringen ein Landerziehungsheim, während eines Aufenthalts in der Schweiz 1831–1836 zwei Schulen und leitete ein Waisenhaus. Zurück in Thüringen 1837 Gründung einer „Anstalt zur Pflege des schaffenden Beschäftigungstriebes und des Selbsttuns" für Kleinkinder. Die „Selbsttätigkeit" verstand er als „heilige Urkraft". Auf ihn geht die Idee des „Kindergartens" zurück.*

Eines der wenigen deutschen Wörter, die unverändert als fester Begriff in andere Sprachen übergegangen sind, ist die Bezeichnung Kindergarten. Fröbel hat dieses Wort geprägt und ihm seine Bedeutung gegeben. Kinder sollten nicht nur bewahrt, gepflegt und belehrt werden, vielmehr sollten sie wie Blumen in der Sonne in einer ihnen gemäßen Umgebung aufwachsen und sich sorglos entfalten können. Aber wie bei Blumen eine pflegende und behütende Hand erforderlich ist, so brauchen auch Kinder Hilfe zur Förderung entsprechend ihrer Entwicklungsstufe.

Dieser in die Zukunft weisende Gedanke, den Fröbel durch die Gründung seines ersten Kindergartens in Blankenburg (Thüringen) realisierte, leitete noch eine zweite wichtige Entwicklung ein, nämlich die Berufstätigkeit der Frau. Zusammen mit den ersten praktischen Versuchen, Kinder in Kindergärten zu sammeln und zu fördern, hat Fröbel jungen Frauen auch eine sachgemäße und gründliche Fachausbildung vermittelt. Mit dem ersten Kindergarten ist zugleich das erste Kindergärtnerinnenseminar entstanden.

Fröbel hielt das Spiel für die wichtigste Lebensäußerung des Kindes, durch die es seine Umwelt erfährt und seine Begabungen und Kräfte entwickelt. Er fragte nach den Entwicklungsgesetzen bei Kindern, beobachtete, wie sich die kindliche Phantasie ganz unscheinbare Dinge aneignet, zum Beispiel Hölzer, Wollfäden, Tannenzapfen, und sie mit Leben erfüllt. Dagegen wird fertiges und nicht mehr zu veränderndes Spielzeug für das Kind langweilig. Aus dieser Erkenntnis heraus entwickelte er seine „Spielgaben", die für die Pädagogik des Kindesalters Bahn brechend wurden: Ball, Kreis, Kugel, Würfel und Walze waren die Grundformen. Die Kinder lernten an und mit ihnen Körperbeherrschung, Geschicklichkeit und Sicherheit. Die Spielgaben ließen sich wiederum leicht unterteilen, farbig gestalten und boten eine Fülle von Möglichkeiten für das Spiel des einzelnen Kindes und mehrerer Kinder zusammen. Durch einfache Reime und Lieder ergänzte er seine Spielgaben. Angeregt von Pestalozzi, dessen Waisenhaus in Burgdorf (Schweiz) er eine Zeit lang leitete, hat Fröbel die Eigenständigkeit der Entwicklung bei Kindern und Jugendlichen betont. Er wies darauf hin, dass man sich bei der Erziehung nicht vorwiegend an den Intellekt wenden dürfe, sondern dass alle Kräfte gefördert werden sollten. Damit wollte er nicht nur den Dünkel vieler vermeintlich Gebildeter gegenüber Handarbeitern bekämpfen, sondern bei seinen Schülern alle Begabungen und Fähigkeiten entwickeln. Das waren für die damalige Zeit revolutionäre Prinzipien. Daher nimmt es nicht wunder, dass der preußische Staat 1851 die Kindergärten als staatsgefährdend verbot. Mag vieles in Fröbels Pädagogik zeitbedingt gewesen sein, entscheidend bleibt, dass er der Eigenentwicklung des Kindes entscheidende Bedeutung beimaß und breiten Raum bot.

Amalie Sieveking

** Hamburg 25. Juli 1794, † ebenda 1. April 1859. Krankenpflegerin, Begründerin der weiblichen Diakonie in der evangelischen Kirche. Früh verwaist, als so genannte Haustochter bei einer Pflegemutter lebend, unterrichtete sie jüngere Mädchen; nach dem Ausbruch der Cholera 1831 arbeitete sie freiwillig im städtischen Krankenhaus Hamburg; gründete 1832 den „Weiblichen Verein für Armen- und Krankenpflege", der Mitarbeiterinnen aller Schichten aufnahm. Obwohl die Arbeit ehrenamtlich geschah, bereitete sie doch die konfessionell geprägte Berufstätigkeit von Frauen im sozialen und pflegerischen Bereich vor; auf eigenen Wunsch in einem Armensarg beerdigt.*

Die Jugend von Amalie Sieveking war nicht unbeschwert. Sie wuchs mutterlos auf und verlor mit fünfzehn Jahren den Vater. Als Haustochter bei einer Pflegemutter wäre sie – nach ihrem Bericht – beinahe leiblich und geistig zugrunde gegangen. Ein Beruf wurde ihre Rettung: Sie unterrichtete jüngere Mädchen, unter anderm auch in Religion.

Der plötzliche Tod ihres Bruders wandelte ihr Verhältnis zum Glauben völlig: hatte sie bislang rein verstandesmäßig geglaubt, so wurde sie nun von einem lebendigen Glauben durchdrungen, der Verstand und Gefühl gleichermaßen erfüllte. In der Zeit dieser inneren Bewegtheit hat sie die Einrichtung einer evangelischen Schwesternschaft ersonnen, sogar schon Statuten entworfen – und das lange, bevor ähnliche Pläne Fliedners Gestalt annahmen. Beim Ausbruch der Cholera im Jahre 1831 glaubte sie den Zeitpunkt gekommen und erließ einen Aufruf an Frauen und Mädchen, sich mit ihr zur Pflege zu melden. Dieser Aufruf blieb jedoch ohne Erfolg. Allen Hindernissen zum Trotz erreichte sie es dennoch, im Hamburger städtischen Krankenhaus als Pflegerin eintreten zu dürfen, und errang sich die Achtung der Ärzte sowie der Öffentlichkeit. Trotzdem lehnte sie das Angebot ab, ganz in den Dienst der städtischen Krankenpflege zu treten, weil sie dort nicht die Freiheit gehabt hätte, eine wirklich evangelische Schwesternschaft zu gründen. Stattdessen entstand 1832 aus ihren Erfahrungen bei Hausbesuchen der „Weibliche Verein für Armen- und Krankenpflege", der die öffentliche Armenpflege ergänzen sollte. Amalie Sieveking war überzeugt, dass eine nur materielle Hilfe vorübergehend zwar die Not lindern, nicht aber dem in Not Geratenen zum Aufbau eines neuen Lebens helfen könne. Dies sei nur möglich durch seelische Betreuung und zwar auf der Grundlage des christlichen Glaubens. Mit großem Organisationstalent gestaltete sie den Aufbau des Vereins, in den sie Frauen und Mädchen aller Gesellschaftsschichten als Mitarbeiterinnen aufnahm. Amalie Sieveking sorgte sich in einer Zeit, da es noch keine berufstätigen Mädchen und Frauen gab, um den – wie sie selber sagt – „vor der Welt so verrufenen Stand der alten Jungfern".

Als Wichern zur inneren Mission aufrief, konnte sie erklären, ihr Verein habe schon seit seiner Gründung innere Mission getrieben, denn das Wort hätte keinen anderen Sinn als den: das Werk der Liebe zu gestalten, im Geist des Glaubens innerhalb der Kirche. Diese Frau hatte also die Ideen der Zukunft – Fliedners und Wicherns – schon vorweggenommen, und nicht nur in Gedanken und Entwürfen, sondern im konkreten Tun.

Die Heranbildung von Frauen zu sozialer Hilfstätigkeit, die nicht gedankenloses Almosengeben war, sondern zu neuem Leben führen sollte, hat beispielhaft gewirkt; und obwohl die Arbeit ehrenamtlich geschah, hat sie der beruflichen sozialen Frauenarbeit in der Kirche den Weg gebahnt.

∽ Jeremias Gotthelf ∼

(eigentlich Albert Bitzius)

** Murten (Westschweiz) 4. Oktober 1797, † Lützelflüh (Emmental, Kanton Bern) 22. Oktober 1854. Bedeutendster Schweizer Prosadichter vor Gottfried Keller. Sohn eines Pfarrers, studierte Theologie; Wanderungen durch Deutschland; 1831 Vikar in Lützelflüh, 1832 Wahl zum dortigen Pfarrer. Hatte er sich nach seiner Rückkehr aus Deutschland der liberalen Bewegung angeschlossen, tendierte er in den vierziger Jahren immer stärker zu einer bäuerlich-patriarchalischen Haltung, die auf christlich-konservativen Überzeugungen beruhte. Seine Romane „Uli der Knecht" und „Uli der Pächter" gehörten Mitte des 19. Jahrhunderts zu den am meisten gelesenen Büchern in der Schweiz.*

Zwei Bücher habe Gott den Menschen gegeben und zwei Augen, in beide hineinzuschauen: die Bibel und das Leben. Nach diesem seinem Ausspruch hat Jeremias Gotthelf gelebt. In diesen beiden Büchern Gottes hat er mit offenen Sinnen gelesen und keines vom andern getrennt, sie vielmehr eng miteinander in Verbindung gebracht, da man seiner Meinung nach „ohne Gott nicht Bauren könne" (= den Acker bestellen).

In den langen Jahren seines Pfarramtes ist Albert Bitzius (sein eigentlicher Name) nie ein wortgewandter Prediger geworden – im Gegenteil, oft rang er sich die Worte schwer ab –, aber er war vom Geist des Christentums so durchdrungen, dass er seine Gemeinde auch kritisch zurechtwies, wenn er es für nötig hielt. Wach und willensstark hat er immer wieder sein geistliches Wort zum persönlichen, politischen und kirchlichen Leben gesprochen, ohne Rücksicht auf Menschen und Institutionen. Damit handelte er sich immer wieder, gerade auch innerhalb der Kirche, Feindschaft ein. Von daher wird sein Ausspruch verständlich: „Mitten in Europa als Christ verfolgt zu werden, gehört zu den Wahrscheinlichkeiten des Tages."

Erst mit vierzig Jahren kam Albert Bitzius in einem „ungeheuren inneren Überdruck", wie er sagt, zum Dichten; dabei sei jedoch das meiste unbewusst vor seinem achten Lebensjahr in ihn hineingesenkt worden. Am Anfang gab er volkstümliche Kalender heraus. 1837 setzte dann die Reihe seiner großen Romane ein: vom „Bauernspiegel" über „Die Leiden und Freuden eines Schulmeisters", „Geld und Geist" und die beiden Uli-Bände bis hin zu den späten Meistererzählungen („Die schwarze Spinne", „Kurt von Koppigen", „Der Druide", „Der Sonntag des Großvaters" usw.). Gotthelf wollte mit seiner Kunst nichts anderes als mit seinen Predigten, nämlich der Seele eine „Richtung" geben. Für solche Wegweisung brauchte er keine außergewöhnlichen Begebenheiten und keine großen Romanhelden, da überzeugten Durchschnittsmenschen und ihr alltägliches Leben viel mehr. Meisterlich wie Gotthelf die menschliche Seele durchleuchtet, ihre Abgründe vor uns auftut: „Er wusste, was im Menschen war." Diese vor keiner noch so düsteren Wirklichkeit zurückscheuende Klarheit des Blicks, diese realistische Illusionslosigkeit verblüfft, ja erschüttert auch den heutigen Leser, wenngleich uns die absolut gesetzte calvinistische Überzeugung, dass der Mensch in dem Maße mit Glücksgütern gesegnet wird, in dem er Gottes Willen erfüllt, als realitätsfremd und unwahrhaftig erscheint. Immer sind es die Familie und das Haus, als die Keimzelle menschlichen Zusammenlebens, wo die letzten Entscheidungen des Lebens fallen oder ihren Ausgang nehmen. Diese Erkenntnis den Menschen ins Herz zu pflanzen, war eines seiner Hauptanliegen. Mit Recht hat man deshalb für die Gedenktafel am Geburtshaus seinen Ausspruch gewählt: „Im Hause muss beginnen, was leuchten soll im Vaterland!"

∴ Theodor Fliedner ∴

* Eppstein 21. Januar 1800, † Kaiserswerth (heute zu Düsseldorf gehörend) 4. Oktober 1864. Pfarrer. Als Diasporapfarrer und Gefängnisseelsorger gründete er 1828 die erste deutsche Gesellschaft für Gefangenenseelsorge und 1836 gemeinsam mit seiner Frau ein Krankenhaus, dem ein Diakonissenmutterhaus angeschlossen war. Diese Verbindung von Krankenbehandlung und -pflege, Schwesternausbildung und gemeinsamen geistlichen Leben wurde zum Vorbild für diakonische Einrichtungen in aller Welt. Als Fliedner starb, gab es bereits 30 Diakonissenmutterhäuser und 1 600 Diakonissen arbeiteten in verschiedenen Einrichtungen. Fliedner legte den Grundstein für die diakonische Arbeit in Amerika und im Orient.

„Die armen Kranken lagen uns längst auf dem Herzen. Wie oft hatte ich sie verlassen gesehen, leiblich schlecht versorgt, geistlich ganz vergessen, in ihren oft ungesunden Kammern dahinwelkend wie die Blätter des Herbstes! Denn wie viele Städte, selbst von größerer Bevölkerung, waren ohne Hospitäler! Und wo Hospitäler waren, da fand ich die Portale bisweilen von Marmor glänzend, aber die leibliche Pflege war schlecht. Die Ärzte klagten bitterlich über Trunkenheit und andere Unsittlichkeiten bei dem Wartpersonal. Und was soll ich von der geistlichen Pflege sagen? Hospitalprediger kannte man an vielen Krankenhäusern gar nicht mehr. Hospitalkapellen noch weniger. Galt des Herrn Donnerwort nicht auch uns: ‚Ich bin krank gewesen, und ihr habt mich nicht besucht'? Und sollten unsere evangelischen Christinnen nicht zu christlicher Pflege fähig und willig sein? Hatte die apostolische Kirche diese Kräfte schon zur Pflege der leidenden Glieder der Gemeinde benutzt und amtlich bestellt in den Diakonissen, und hatte die Kirche viele Jahrhunderte diese Diakonissen angestellt, sollten wir noch länger säumen in Wiederbestellung dieser gesegneten Mägde des Herrn zu seinem Dienst?"

Theodor Fliedner, Pfarrer und Gefängnisseelsorger, ließ es nicht bei diesen Überlegungen bewenden, sondern kaufte am 20. April 1836 – ohne noch zu wissen, woher er die Kaufsumme nehmen solle – ein Haus für die Ausbildung von Diakonissen. Gegen den Widerstand großer Teile der Bevölkerung in Kaiserswerth richtete er es als Krankenhaus ein, vorwiegend mit geschenkten und schadhaften Gegenständen. Am 20. Oktober 1836 zog die erste Diakonisse ein, Gertrud Reichardt. Schon vorher hatte man einige Kranke aufgenommen und, so gut es ging, gepflegt. Aus so dürftigen Anfängen erwuchs das heute weltweite Werk, das schon bei Fliedners Tod 30 Diakonissenmutterhäuser umfasste. Wie Fliedners erste Frau setzte sich auch seine zweite mit großem Engagement und persönlichen Einschränkungen als seine Mitarbeiterin und Vorsteherin („Mutter") der Ausbildungsanstalt ein.

Auch Fliedner selbst scheute keine persönlichen Opfer. Den lernenden Schwestern gegenüber war er gewiss oft zu streng, wenn sie seiner Meinung nach ihr „apostolisches Amt" einmal zu leicht nahmen. Andererseits war er ihnen ein verantwortungsvoller Seelsorger und Berater. „Mitten im feurigsten Gebet, mitten im eifrigsten Lesen der Schrift, mitten im andächtigsten Singen muss jede (Diakonisse) abbrechen und zu den Kranken eilen, wenn diese es fordern. Sie erhalte ihre Seele dabei nur in der betenden Stimmung, dann ist ihre Pflege Gebet!" Diese Worte spiegeln Fliedners Auffassung wider, dem Glaube ohne Gehorsam etwas Undenkbares war. Auf seinen Reisen nach Amerika und in den Orient (z. B. nach Jerusalem) legte er auch dort den Grundstein für die diakonische Arbeit.

Eduard Mörike

** Ludwigsburg 8. September 1804, † Stuttgart 4. Juni 1875. Lyriker, Verfasser von Erzählungen, Märchen und Nachdichter aus dem Griechischen und Lateinischen. Sohn eines Arztes, der starb, als Mörike 13 Jahre alt war. Studierte in Tübingen Theologie, war über sieben Jahre Vikar in mehreren Gemeinden, 1834 Pfarrer in Cleversulzbach. Bereits 1843 ließ er sich pensionieren und zog mit seiner Schwester nach Mergentheim. Dort heiratete er 1851, nach schwierigen Jahren trennte sich das Paar 1873. Mörikes Bedeutung liegt auf dem Gebiet der Lyrik. „Mozart auf der Reise nach Prag" (1855) gehört zu den besten deutschsprachigen Novellen des 19. Jahrhunderts.*

Der Dichter Eduard Mörike soll auf dem Sterbebett in gefragt haben: „Es steht doch nichts Frivoles darin?" Die Sorge bezog sich auf seine Gedichte.

Das mag verwundern bei einem Dichter, der evangelischer Pfarrer war und der Gedichte schrieb wie: „Du, Vater, du rate! / Lenke du und wende! / Herr, dir in die Hände / Sei Anfang und Ende, / Sei alles gelegt!"

Mörikes bange Frage belegt, dass er der Überzeugung war, Rechenschaft über sein Leben und sein Werk ablegen zu müssen. Und sie bezeugt, dass ihn die Verstörung eines frühen leidenschaftlichen Liebeserlebnisses noch im Alter beunruhigt hat. Als Theologiestudent am Tübinger Stift hatte er 1823 die schöne Kellnerin Maria Meyer kennen gelernt. Zwischen ihnen entwickelte sich eine heftige Liebe. Mörikes fromme Schwester Luise forderte ihn auf, „die Versuchung zu fliehen", freilich ergebnislos. Erst als Maria plötzlich aus Ludwigsburg verschwand, wurde er nachdenklich und löste sich innerlich von ihr. Als sie später wieder Verbindung mit ihm aufnehmen wollte, wies er sie ab. Diese Zurückweisung hat ihn lebenslang beunruhigt. – Nach dem Studium war er über sieben Jahre Vikar in unterschiedlichen württembergischen Gemeinden, bis er 1834 die Pfarrstelle in Cleversulzbach übertragen bekam. Während der unsicheren Wartezeit zerbrach seine Verlobung mit Luise Rau. Die Briefe, die er ihr geschrieben hat, gehören zu den schönsten deutschen Liebesbriefen.

In Cleversulzbach führte er mit seiner Mutter und der Schwester Clara ein relativ gesichertes ruhiges Leben. Er predigte nicht gern, aber in seiner freundlichen, natürlichen Art fand er schnell Kontakt. Seine Gesundheit war so schwach, dass er bereits 1843 um Versetzung in den Ruhestand bat. Gemeinsam mit der Schwester zog er nach Mergentheim. Dort heiratete er 1851 Margarethe Speeth. Dem Paar wurden zwei Töchter geboren. Das Zusammenleben von Mörikes Frau und der Schwester gestaltete sich schwierig; die Eheleute entfremdeten sich; es kam zur Trennung. Erst kurz vor Mörikes Tod söhnten sie sich aus.

Seine überragende Bedeutung liegt in der Lyrik. Die Gedichte enthalten, auch wenn sie sich den kleinsten Gegenständen zuwenden, die Problematik der ganzen menschlichen Existenz. Sie sind unpolitisch, aber die gesellschaftliche Atmosphäre hat der sensible Dichter erfasst und gestaltet. In der Novelle „Mozart auf der Reise nach Prag" stellt Mörike vordergründig eine heitere Episode dar, aber dahinter scheint die Tragik von Mozarts Leben und die Gewalt seiner Schöpferkraft auf.

Das unpathetische Andeuten tiefer Tragik, das klaglose Aushalten menschlicher Zerrissenheit und die melancholische Heiterkeit verbinden die Novelle mit den Gedichten. Resignation und Gottergebenheit, Glaubenszweifel und Unstetigkeit, Liebesglück und Liebesleid finden sich in Mörikes Werk eng beieinander.

∽ *Johann Hinrich Wichern* ∼

** Hamburg 21. April 1808, † Hamburg 7. April 1881. Theologe, Begründer der Inneren Mission, des heutigen Diakonischen Werkes. Gründete angesichts des Kinderelends in der sich herausbildenden Großstadtgesellschaft 1833 in Hamburg-Horn das Rauhe Haus zur Betreuung gefährdeter Jungen, angeschlossen war eine Ausbildungsanstalt für Erzieher, das so genannte Brüderhaus, Ausgangsort evangelischer Fürsorgeerziehung; gab 1848 mit seiner Rede auf dem Deutschen Evangelischen Kirchentag in Wittenberg Anstoß zur Gründung des „Centralausschusses für die Innere Mission der deutschen evangelischen Kirche"; gründete 1858 in Berlin das Evangelische Johannesstift.*

„Mein Kind, dir ist alles vergeben! Sieh um dich her, in was für ein Haus du aufgenommen bist! Hier ist keine Mauer, kein Graben, kein Riegel; nur mit einer schweren Kette binden wir dich hier, du magst wollen oder nicht; du magst sie zerreißen, wenn du kannst; diese heißt Liebe, und ihr Maß ist Geduld." In diese Willkommensworte für künftige Schutzbefohlene kleidete der junge Theologiekandidat Wichern die Erziehungsgrundsätze für seine 1833 begonnene Kinderrettungsarbeit im Rauhen Haus in Hamburg. Darin kam zum Ausdruck, was sein ganzes Lebenswerk bestimmt hat: das große freudige Zutrauen zu Gottes Beistand ebenso wie das wohlerwogene Führen und Planen. Was als Hilfswerk an den verwahrlosten heimatlosen Jungen der Hamburger Elendsviertel begann, das führte Schritt um Schritt zu größerem, weiter gespanntem, in die Zukunft gerichtetem Wirken. In Hamburg-Horn reihte sich Haus an Haus. Zur eigentlichen Erziehungsarbeit kam sehr bald die Ausbildung der Erzieher, so entstand die erste deutsche Brüderanstalt. Immer reger wurden Wicherns Beziehungen zu anderen Hilfswerken innerhalb der evangelischen Kirche. Ein nicht geringer Teil von Anstalten und Vereinen aller Art verdankte ihm die Entstehung. Wichern blieb der Ziehvater seiner ersten Gründung, aber zugleich wurde er der Bahnbrecher für die Innere Mission. Darunter verstand er grundsätzlich „das Bekenntnis des Glaubens durch die Tat der rettenden Liebe". Alle Lebensgebiete der Kirche sollten durch diese Bewegung im Geist der deutschen Reformation erneuert werden. Mit Wicherns Auftreten auf dem Wittenberger Kirchentag 1848, mit seiner klassischen Denkschrift über die Innere Mission vom Jahre 1849, mit der etwa gleichzeitigen Gründung des Central-Ausschusses sicherte Wichern der helfenden Liebe den Platz im kirchlichen Leben, den sie seither als tätiges Glaubenszeugnis bewahrt und ausgebaut hat. Durch die Gründung des Johannesstifts 1858 übertrug Wichern seine im Rauhen Haus bewährte Erziehungsarbeit und Brüderausbildung auch nach Berlin. In ganz Deutschland wurden Wicherns Arbeit und seine Überlegungen Anstoß und Vorbild. Während die Revolution 1848 von vielen Kirchenmännern mit verständnisloser Empörung verurteilt wurde, erkannten nur wenige, unter ihnen Wichern, dass „etwas geschehen" müsse, um die offenbar gewordenen Nöte, das große Elend zu beheben. Wichern sah nicht über die tiefen Gegensätze zwischen den Klassen und Schichten hinweg. Er war der Überzeugung, der Kirche entstünde bei der Behebung der sozialen Nöte und bei der Überbrückung der Klassengegensätze möglicherweise eine große Aufgabe. Seine „Fliegenden Blätter" enthalten Rufe an das soziale Gewissen der Zeit, Rufe zu einem christlichen Sozialismus, Rufe zugleich zur Einigung des gesamten deutschen Protestantismus in Taten helfender Liebe.

∴ Sören Kierkegaard ∴

** 5. Mai 1813 in Kopenhagen, † Kopenhagen 11. November 1855. Theologe, Philosoph und Schriftsteller. Sohn eines Kaufmanns, studiert Theologie und Philosophie, wird in Kopenhagen Magister und Prediger; die Auflösung seiner Verlobung 1841 stürzt ihn in eine tiefe Krise (gestaltet im „Tagebuch eines Verführers"); er gibt den Beruf auf, studiert in Berlin bei Schelling Philosophie; kehrt nach Dänemark zurück und lebt als Schriftsteller in Kopenhagen; verfasst philosophische Romane, theologische Abhandlungen und Streitschriften. Mit zunehmendem Alter kritisiert er immer radikaler, dass „die Christenheit das Christentum abgeschafft" habe.*

Der dänische Schriftsteller und Philosoph Sören Kierkegaard ist nur 42 Jahre alt geworden und erlangte zu Lebzeiten wenig Anerkennung. Erst im 20. Jahrhundert regten seine Ideen die Gründung philosophischer und theologischer Schulen (des Existenzialismus, der negativen Dialektik und der dialektischen Theologie) an. Auch den modernen protestantischen Roman gäbe es ohne Kierkegaard nicht. – Selbsterforschung und Entschlossenheit waren die Kräfte, die sein Leben bestimmten. So löste er zum Beispiel seine Verlobung, weil er einerseits davon überzeugt war, dass eine Ehe absolute Aufrichtigkeit verlange, er aber andererseits meinte, das Lebensgeheimnis seines Vaters nicht preisgeben zu dürfen. Der Vater hatte als junger Mann Gott verflucht und nach dem Tod seiner ersten Frau vermutlich die Magd zum Beischlaf gezwungen. Als Strafe, glaubte er, würden alle seine Kinder vor dem 34. Lebensjahr sterben, würden also nicht älter werden als Jesus. Tatsächlich starben fünf der sieben Kinder spätestens im Alter von 33 Jahren.

Kierkegaard, mit einem Buckel geschlagen, blieb zeitlebens ein einsamer Mensch. Mit 23 Jahren schrieb er in sein Tagebuch: „Ich komme jetzt eben aus einer Gesellschaft, wo ich die Seele war, Witze strömten aus meinem Munde, alle lachten, alle bewunderten mich …, aber ich ging fort und wollte mich erschießen."

Er hat alle seine Bücher, auch die philosophischen Hauptwerke „Entweder-Oder" (1843), „Der Begriff Angst" (1844) und „Die Krankheit zum Tode" (1849), unter wechselnden Pseudonymen veröffentlicht. Lediglich seine religiösen „Reden" gab er unter seinem Namen heraus. Darin radikalisiert er das Christentum, lenkt die in Selbstsicherheit versunkene Bürgerwelt und Christenheit auf die konkrete Nachfolge Jesu hin. Er will zwischen seinen Zuhörern und den Hörern des Evangeliums, den Zeitgenossen Jesu, Gleichzeitigkeit herstellen. Nur so, meint er, können die Menschen Entscheidungen über Glauben oder Unglauben treffen. „Was von wahren Christen in jeder Generation da ist, ist gleichzeitig mit Christus, hat nichts zu schaffen mit den Christen der vorigen Generation, sondern nur mit dem gleichzeitigen Christus." – Der dänischen lutherischen Kirche und den Kirchen überhaupt wirft er vor, das biblische Christentum zu verfälschen und zu verharmlosen. „Ich will nicht durch Vertuschungen oder Kunststücke den Schein hervorbringen, als glichen das im Lande herrschende Christentum und das Christentum des neuen Testaments einander." – Seine Hauptleistung besteht wohl darin, das Christliche von allen Vermischungen mit Ethik, Kultur, Folklore, Staat und Philosophie getrennt und den „unendlichen qualitativen Unterschied" Gottes von allem Endlichen, Menschlichen und innerweltlich Seienden herausgearbeitet zu haben.

Kierkegaard war tief davon überzeugt, dass menschliches Leben nur gelingen kann, wenn es sich bewusst der Gnade Gottes ausliefert.

∽ *Constantin von Tischendorf* ∾

** Lengenfeld/Vogtland 18. Januar 1815, † Leipzig 7. Dezember 1874. Theologe, Bibelwissenschaftler, Paläograph. Sohn eines Arztes, besuchte in Plauen/Vogtland das Gymnasium, studierte in Leipzig Theologie, verlor früh beide Eltern; entschied sich für die wissenschaftliche Arbeit, nicht für den Beruf eines Seelsorgers; unternahm viele Reisen, auf denen er nach Bibelhandschriften suchte; entdeckte u. a. den Codex Sinaiticus aus dem 4. Jahrhundert; wurde 1851 Ordinarius für Neues Testament in Leipzig; veröffentlichte ständig überarbeitete textkritische Ausgaben des Neuen Testaments, starb während der Vorbereitungen zur achten Auflage.*

Den Blick in unbestimmte Ferne gerichtet, eher einem jungen Dichter als einem Forscher gleich, so zeigt das Bild den etwa Siebenundzwanzigjährigen. Er war eben dabei, seinen ersten Ruhm zu erwerben, und man glaubt es gern, dass die Pariser Bibliothekare halb mitleidig, halb spöttisch gelächelt haben, als dieser junge Mann eine bisher selbst von namhaften Kennern nicht entzifferte Handschrift zu prüfen begehrte. Aber in zwei Jahren war die mühselige Arbeit geschafft. Der junge Gelehrte hatte neben ausgezeichneten Sprachkenntnissen zwei besondere Gaben für das schwierige Werk mitgebracht: außergewöhnliche Sehkraft und eiserne Ausdauer, die unbeirrt auf ein schon früh erkanntes Lebensziel gerichtet war. Was für ein Ziel? Radikale Bibelkritiker waren zu der Meinung gelangt, die Bibel sei ein spätes, unsicher überliefertes Machwerk, ja es sei fraglich, ob Jesus überhaupt gelebt habe. Angesichts dieser Lage betrachtete Tischendorf „das Ringen um die ursprüngliche Gestalt des Neuen Testaments" als „heilige Lebensaufgabe". Er wollte die Gegner auf ihrem eigenen Boden, dem Boden der exakten Forschung schlagen. Daher also seine ausgedehnten Reisen, seine Jagd nach alten Handschriften in Paris, London, Rom und im Orient. Seine Beute war überreich, seine Erfolge machten ihn weltberühmt, mit unermüdlichem Fleiß vollendete er seine Ausgabe des griechischen Neuen Testaments. Er wurde mit Auszeichnungen überhäuft, von höchsten Stellen gefördert. Bekannt ist seine Entdeckung des Codex Sinaiticus in dem entlegenen Katharinenkloster am Sinai. Es ist eine abenteuerliche Geschichte von der Auffindung der ersten Blätter im Jahre 1844 bis zur endgültigen Erwerbung des ganzen Codex, der 1859 nach Europa gelangte und nun ebenfalls für die Herstellung eines möglichst zuverlässigen Textes herangezogen werden konnte.

Vor der Fülle von neu erschlossenen, wertvollen Handschriften verlor die Mär von der schlechten Überlieferung des Neuen Testaments ihre Überzeugungskraft. Das ist der beglückende Ertrag seiner Lebensarbeit. Was für ein Mensch steckt hinter dieser erstaunlichen Leistung? Manche haben ihm Eitelkeit vorgeworfen. Aber seine persönlichen Briefe zeigen ihn anders. Als ihm einer seiner ersten Orden verliehen worden war, bemerkte er: „Die Menschen sind so naiv: ein so kleiner Stern frappiert sie, und der ganze Himmel hängt voll so großer." Auf der Höhe seines Lebens, in einem Brief aus Kairo vom 15. Februar 1859, schildert er, wie er seinen kostbarsten Fund nachts in einsamer Zelle betrachtet, bis zu Tränen erschüttert von der wunderbaren Fügung Gottes, die die alten Pergamentblätter in seine Hände legte. Auch an seine acht Kinder hat er von seinen Reisen geschrieben und ihnen lebendig und fröhlich erzählt, was sie fassen und woran sie sich freuen konnten. Eine liebenswerte, warme Menschlichkeit strahlt aus diesen Zeilen.

∴ *Florence Nightingale* ∴

** Florenz 12. Mai 1820, † London 13. August 1910. Britische Krankenpflegerin. Nach Ausbildung zur Krankenschwester im von Fliedner gegründeten Kaiserswerther Diakonissenmutterhaus übernahm sie 1853 die Leitung eines „Stifts für verarmte kranke Fräulein" in London; 1854–1856 verbesserte sie im Krimkrieg und in der Türkei durch größere Hygiene die Pflege der Verwundeten, dadurch Rückgang der Erkrankungen an Cholera, Ruhr und Typhus; erarbeitete nach ihrer Rückkehr systematische Vorschläge für militärische und zivile Krankenpflege, verfasste u. a. einen „Ratgeber für Gesundheits- und Krankenpflege", gründete 1860 eine Schwesternschule.*

Es ist unfassbar, was die Engländerin Florence Nightingale, eine Frau von komplizierter Wesensart, in ihrem neunzigjährigen unruhigen Leben alles erreicht hat. Leidenschaftlich, ja fanatisch, hing sie an ihren Ideen. Mit Eifer und Ehrgeiz löste sie die Aufgaben, die sie sich selber gestellt hatte. Alle persönlichen Wünsche und Bindungen, wie Freundschaft und Ehe, stellte sie hinter das Ziel zurück, Kranken und Elenden Hilfe zu bringen. Ihr Plan war eine Neuorganisation der weiblichen Krankenpflege in England. Dem Pflegepersonal fehlte es an systematischer Ausbildung. „Frauen haben ein Recht zum Dienst im Reich Gottes; wer aber andern Leiter und Meister werden will, muss selbst gedient haben und sich vertraut machen mit dem, was Berufene vorbildlich ins Werk gesetzt haben." So trat sie im Jahre 1849 als freiwillige Helferin in die Kaiserswerther Anstalten Theodor Fliedners ein, weil sie dort fast vorbildlich das verwirklicht fand, was sie erwünschte und erträumte.

Ihr großes Wissen und ihre überragenden organisatorischen Fähigkeiten stellte sie bald unter Beweis, als sie 1854 aufgefordert wurde, nach Skutari am Bosporus zu gehen, um dort in den englischen Lazaretten die weibliche Krankenpflege zu organisieren. Damit begann der abenteuerlichste, leid- und arbeitsreichste Teil ihres Lebens. Daheim verstanden und unterstützten sie nur wenige; in Skutari kämpfte sie gegen Korruption, Anfeindung, Verleumdung, Hass und kleinliche Schikanen der leitenden Ärzte und Verwaltungsangestellten. Doch ihr felsenfester Glaube und ihr Vertrauen verließen sie nie. Sie übersah Grobheiten und Unfreundlichkeiten; die Soldaten verehrten sie wie ein überirdisches Wesen. Voll Dank schrieb ein englischer Verwundeter: „Wenn sie nur vorüberging, fühlte man sich schon besser. Für den einen hatte sie ein paar Worte, für den anderen mindestens ein aufmunterndes Kopfnicken. Zu Tausenden lagen wir dort, aber wir hätten ihren vorbeihuschenden Schatten küssen und dann unseren Kopf beglückt auf die Kissen zurücklegen können." Sie nannte sich selbst gern eine „Mutter von fünfzigtausend Kindern". Das Leid schien zu weichen, wenn nachts „die Dame mit der Lampe" die Krankensäle betrat. Dann legte sie ihre Hand auf fieberheiße Stirnen, tröstete die Verzagenden und betete mit den Sterbenden.

Nach ihrer Heimkehr entzog sie sich allen Ehrungen. In völliger Zurückgezogenheit lebte sie noch über fünfzig Jahre.

Im zähen Kampf gegen Vorurteile und Bürokratie erreichte sie, dass eine Untersuchungskommission das Heeressanitätswesen auf bestehende Missstände prüfte. Jahrelang holten sich führende Staatssekretäre in Fragen des Gesundheitswesens bei ihr Rat. Sechs Unteroffiziere der britischen Armee trugen ihren Sarg zu Grabe, ein Zeichen des Dankes für alles, was Florence Nightingale geleistet hatte.

∽ *Friedrich von Bodelschwingh* ∼

** Tecklenburg 6. März 1831, † Bethel (heute zu Bielefeld gehörend) 2. April 1910. Pfarrer. War zuerst Landwirt, studierte Theologie, arbeitete in der Betreuung deutscher Auswanderer in Paris; übernahm 1872 die Leitung der Anstalt für Epileptiker und ein Diakonissenhaus in Bethel bei Bielefeld. Unter seiner Leitung entwickelten sich die Bodelschwinghschen Anstalten zum größten Hilfswerk der Inneren Mission in Deutschland. Neben den geistig und psychisch Kranken galt seine Fürsorge auch den „Brüdern von der Landstraße"; speziell für sie setzte er als Abgeordneter des preußischen Landtags ein „Wanderarbeitsstättengesetz" durch.*

Eine kleine Missionsschrift – „Tschin, der Chinesenknabe“ – wurde für Friedrich von Bodelschwingh, der auch unter dem liebevollen Ehrennamen „Vater Bodelschwingh“ bekannt ist, entscheidend. Der Landwirt wurde Theologe und wollte in die äußere Missionsarbeit gehen. Aber es kam anders: Bodelschwingh wurde zum Vater der Kranken in Bethel und zum Helfer der „Brüder von der Landstraße“. Während er von 1864 bis 1872 Pfarrer in Dellwig in Westfalen war, verlor er binnen dreizehn Tagen seine vier Kinder. Diese Erfahrung wandelte ihn innerlich völlig. Für uns heute kaum nachzuvollziehen, stand für ihn fest: Gott hatte gesprochen. Das war sein Trost. Ergreifend hat er darüber in einer kleinen Schrift berichtet: „Vom Leben und Sterben vier seliger Kinder“. Im Blick auf ihr Sterben schrieb er: „Ich habe nicht gewusst, dass Gott so hart sein kann, doch darüber bin ich barmherzig geworden.“ Forthin lautete seine Lebensmaxime 2. Korinther 4,1: „Darum, weil wir ein solch Amt haben nach der Barmherzigkeit, die uns widerfahren ist, werden wir nicht müde.“

Ab 1872 leitete er die Anstalt für Epileptiker und das Diakonissenhaus Sarepta in Bethel bei Bielefeld. Als er die kleine Anstalt übernahm, lebten dort nur wenige epileptische Kinder. Am Ende seiner Tätigkeit waren durchschnittlich über viertausend Pflegebefohlene verschiedenster Art in Bethel. Die Pflegekräfte kamen aus dem Umland. Allein aus dem Städtchen Werther kamen im Lauf der Jahre zweihundertfünfzig junge Mädchen, um Diakonissen zu werden und denen zu helfen, die sich selbst nicht helfen konnten. – Das wirtschaftliche Elend, das den „Gründerjahren“ nach dem Krieg von 1870/71 folgte, ließ Bodelschwingh sich der Wanderarmen annehmen. Er nannte sie seine „Brüder von der Landstraße“. Denn er sah auch in den durch Alkoholismus und Bettelei heruntergekommenen Gestalten die „Brüder“, für die Christus in gleicher Weise gestorben war wie für ihn selbst. Für sie schuf er Arbeiterkolonien; hier fanden sie einen ersten Nothafen und moralischen Halt. Fast achtzigjährig nahm er sich auch der entwurzelten Menschen in den Asylen an und gründete 1905 für sie die „Hoffnungsthaler Anstalten“ bei Berlin. Als Abgeordneter des preußischen Landtags setzte er 1907 das „Wanderarbeitsstättengesetz“ durch. – Ebenfalls 1905 eröffnete er die Betheler Theologische Schule, mit der er arme Theologiestudenten unterstützen wollte. Seine verschiedenen Werke fasste er zur Zionskirchgemeinde zusammen, weil ihm daran lag, „dass Pflegende und Pflegebefohlene zu einer Gemeinde im gegenseitigen Dienst verbunden seien“. Berühmt wurden seine „Bethelboten“, die ihn in Deutschland als den großen „Bettler“ bekannt werden ließen. Aber auch beim Bitten stand ihm stets ein volksmissionarisches Ziel vor Augen. – Im Alter gründete er in Ostafrika eine „Bethel-Mission“ und kehrte damit zu den Wünschen seiner Jugendzeit zurück.

∴ Adolf von Harnack ∴

** Dorpat (Livland) 7. Mai 1851, † Heidelberg 10. Juni 1930. Kirchenhistoriker, vielseitig wirksamer Wissenschaftler. Sohn eines streng lutherischen Professors der Praktischen Theologie, wurde 1876 Professor in Leipzig, später in Gießen und Marburg; gegen den Einspruch des Evangelischen Oberkirchenrats 1888 an die Berliner Universität berufen. Sein Hauptwerk, das dreibändige „Lehrbuch der Dogmengeschichte" (1886–1890), gilt noch heute als wissenschaftliches Standardwerk. Eine breitere, nicht nur akademische Öffentlichkeit erreichte er mit seinen Vorträgen „Das Wesen des Christentums" (1900). Gehörte 1890 zu den Mitbegründern des Evangelisch-Sozialen Kongresses.*

Der Name Adolf von Harnack ist unlöslich mit dem Zweig der theologischen Wissenschaften verbunden, den wir Dogmengeschichte nennen. Das dreibändige „Lehrbuch der Dogmengeschichte“, das zwischen 1886 und 1890 erschien, gilt als die eigentliche Lebensleistung des vielfältig begabten Forschers. Die Geschichte der frühen Kirche war sein Zentralthema. Und wie ernst er es nahm, mag sein eigenes Bekenntnis bezeugen: „Was ich gelernt habe, habe ich an der Kirchengeschichte gelernt, und wenn es mir vergönnt gewesen ist, über ihre Grenzen hinaus zu schreiten, so hat sie mir die Wege gewiesen: denn nichts Menschliches ist ihr fremd.“

Harnack war eine der repräsentativen Gelehrtengestalten des Wilhelminischen Zeitalters. Lebensfrohe Weltoffenheit und wissenschaftliche Strenge, Organisationstalent und innere Beziehungen zu fast allen Kulturbereichen kennzeichnen sein Wesen. Trotz der Spannweite seines Wirkens – er war nicht nur Forscher und akademischer Lehrer, sondern auch Generaldirektor der Königlichen Bibliothek (der späteren Preußischen Staatsbibliothek) und Präsident der „Kaiser-Wilhelm-Gesellschaft zur Förderung der Wissenschaften“ (der späteren Max-Planck-Gesellschaft), die mit auf seine Initiative hin gegründet worden war, – zersplitterte er sich nie. Er handelte aus einem festen inneren Zentrum: Das war sein Glaube, wie er ihn in den um die Jahrhundertwende Aufsehen erregenden Vorträgen über das „Wesen des Christentums“ vom Hochschulkatheder aus öffentlich bekannte. Damit erreichte er eine breite Öffentlichkeit und löste teilweise heftige Auseinandersetzungen aus. Daneben hat er, so erinnert sich seine Tochter, aus dem Alten Testament gerade in den schweren Stunden seines Lebens den stärksten Trost geschöpft.

Vielfach wurde Harnack vorgeworfen, die Wissenschaft höher zu bewerten als den „rechten Glauben“. Dieser Vorwurf aber trifft nicht zu; Harnack selbst hat erklärt: „In unsere Landeskirchen gehören wir hinein; hier haben wir unseren Beruf empfangen. Mit ihnen wissen wir uns einig in den Hauptstücken evangelischen Glaubens, und in ihnen haben wir noch immer Spielraum und Freiheit, nach unserem Gewissen zu leben und zu wirken.“ Damit stellte er seine Forschung und seine Wissensvermittlung eindeutig in den kirchlichen Rahmen. Von Anfang an betonte er die Einheit von Christentum und Bildung und bemühte sich darum, das „Evangelium als die alleinige Grundlage aller sittlichen Kultur“ darzustellen.

Sein eigentlicher Wirkungsraum war die Universität und der Bildungsraum im weitesten Sinne. Daneben aber war er ein wacher Zeitgenosse, der sich auch den sozialen Problemen nicht verschloss; 1890 gehörte er zu den Mitbegründern des „Evangelisch-Sozialen Kongresses“, der die sozialen Missstände bekämpfen und das Wirtschaftsleben im christlichen Sinne verändern wollte.

Elisabeth Malo

Evangelischer Frauenbund, um 1899

** Pratau bei Wittenberg 9. Januar 1855, † Dessau 2. Mai 1930. Evangelische Frauenrechtlerin, besuchte die Höhere Töchterschule, bildete sich autodidaktisch weiter, zog 1883 zu ihrem unverheirateten Bruder, einem Pfarrer, und führte ihm den Haushalt. 1888 gingen sie gemeinsam nach Züllsdorf bei Torgau. Hier verfasste sie neben zahlreichen Aufsätzen ihr Hauptwerk „Das Recht der Frau in der christlichen Kirche" 1895. Als erste Frau in der evangelischen Kirche forderte sie volle Gleichberechtigung der Frau in der Gemeinde. Ab 1910 veröffentlichte sie erfolgreiche Volksschauspiele („Der Kossätensohn", 1910; „Landflucht", 1913; „Luthers Hochzeit 1525", 1925)*

In einem 1898 in Berlin erschienenem „Lexikon deutscher Frauen der Feder" heißt es über „Frl. Elisabeth Malo" unter anderem: „Ihr Leben in einem abgelegenen stillen Pfarrhause (sie führt seit 17 Jahren den Haushalt ihres unverheirateten Bruders, der Pastor daselbst ist), ist für diese Arbeit, die gründliches Studium der theologischen Literatur aller Jahrhunderte erfordert, recht geeignet."

Dieser Satz passt zum Typ gelehrte, durch die Hausarbeit geistig nicht ausgefüllte, zurückgezogen studierende und schreibende Hausfrau. Elisabeth Malo aber war alles andere als das: um 1890 war sie dem Allgemeinen Deutschen Frauenverein beigetreten. Sie besuchte dessen Kongresse, hielt Verbindung mit Frauenrechtlerinnen sowie mit sozialkritischen evangelischen Theologen. Vor allem zwischen 1895 und 1897 veröffentlichte sie Aufsätze in der Zeitschrift „Die Frauenbewegung". 1895 brachte sie im Selbstverlag ihr wichtigstes Buch heraus: „Das Recht der Frau in der christlichen Kirche", für das sie keinen Verleger gefunden hatte.

Mit ihrer unabhängigen Art zu denken, ihrer Geradlinigkeit und Ehrlichkeit geriet sie zwischen alle Parteien. Die begeisterte Frauenrechtlerin musste einsehen, dass selbst sozialkritische Kreise der evangelischen Kirche sich nicht für die Emanzipation der Frauen interessierten, sondern weiterhin an der Mahnung des Apostels Paulus festhielten, wonach das Weib in der Gemeinde zu schweigen habe.

Andererseits hielten die Vertreterinnen der bürgerlichen Frauenbewegung Distanz zur Kirche und wollten die befreiende Kraft des Evangeliums nicht erkennen. Aber gerade in der Verbindung von Feminismus und Christentum sah Elisabeth Malo ihre Aufgabe. Mit Halbheiten gab sie sich nicht zufrieden. Als erste Frau in der evangelischen Kirche forderte sie die konsequente Gleichstellung von Mann und Frau in der Gemeinde und in Konsequenz daraus auch die Zulassung von Frauen zum Predigtamt. So lange Frauen davon ausgeschlossen bleiben, bleibe auch das Amt defizitär. Erst mit ihrer Wiederzulassung werde es voll gültig.

Da die Kirche für Elisabeth Malo „eine charismatische, keine rechtliche" Organisation war, sollte die Stellung einer Person in der Gemeinde von ihrer Begabung und nicht von ihrem Geschlecht abhängen. – Noch vor Ausbruch des Ersten Weltkriegs gab Elisabeth Malo ihre feministisch-theologische Arbeit auf, „da ich alles zur Sache gesagt hatte, was zu sagen war von meinem Standpunkt aus". Resignation über die Erfolglosigkeit ihrer Bestrebungen schwingt in diesem Satz mit. Erfolgreich und bekannt wurde sie mit Volkschauspielen über das Leben auf dem Dorf und über Ereignisse aus der Reformationszeit, die sie seit 1910 veröffentlichte. Darin sind zwar Frauen oft einsichtiger, lebenspraktischer und klüger als die Männer, aber es sind keine feministischen Propagandastücke, sondern liebenswürdige, meist für Laienbühnen verfasste Stücke mit aktuellen Bezügen.

∻ *Ricarda Huch* ∻

** Braunschweig 18. Juli 1864, † Schönberg (heute zu Kronberg im Taunus gehörend) 17. November 1947. Schriftstellerin. Tochter eines wohlhabenden Kaufmanns, studierte Geschichte und Philosophie in Zürich (in Deutschland damals für Frauen nicht möglich), promovierte als eine der ersten deutschen Frauen, arbeitete in der Züricher Stadtbibliothek, danach als Lehrerin; lebte nach ihrer zweiten Scheidung allein in Italien und Deutschland, zuletzt in Jena. Verließ 1933 aus Protest gegen die Nazidiktatur die Preußische Dichterakademie; Verbindung zu Widerstandskreisen; siedelte 1947 aus Sorge vor erneuter Einschränkung der geistigen Freiheit nach Frankfurt am Main über.*

„Die erste Frau Deutschlands, ja wahrscheinlich Europas" hat Thomas Mann 1924 die sechzigjährige Ricarda Huch genannt. Damals stand sie auf dem Höhepunkt ihres Ruhms, war eine der bekanntesten deutschsprachigen Dichterinnen. Neun Jahre später erklärte sie mutig ihren Austritt aus der Preußischen Akademie der Künste. Sie schrieb: „Was die jetzige Regierung als nationale Gesinnung vorschreibt, ist nicht mein Deutschtum." Mit diesem Deutschtum vertrug sich auch die Verfolgung jüdischer Mitbürger nicht. – Gern hätten die Nazis sie vor ihren Karren gespannt. Denn Ricarda Huchs Berühmtheit gründete sich vor allem auf Bücher über deutsche Geschichte: „Die Romantik" (1908) „Der große Krieg in Deutschland" (1912/14), „Luthers Glaube" (1916), „Freiherr vom Stein, der Erwecker des Reichsgedankens" (1925). 1933 arbeitete sie bereits an einer dreibändigen „Deutschen Geschichte". Ricarda Huch ist ein Beispiel dafür, dass genaue Kenntnis der Geschichte durchaus zur Erkenntnis der Gegenwart und zur Unterscheidung der Geister führen kann. – Hinzu kommt ihr protestantisch geschultes Gewissen, das für sie nichts konfessionell Enges bedeutet, sondern die gesamte christliche Tradition umfasst, bei klarer Entscheidung für Luthers Reformation, auch im Unterschied etwa zu Calvin oder Zwingli. „Das Größte an Luthers Wirksamkeit scheint mir doch das zu sein, was ihm unter seinen Zeitgenossen viel Gegnerschaft bereitete und wenig Verständnis fand, dass er, obwohl er selbst zum Entstehen wissenschaftlicher Theologie und Kritik beitrug, dem Eindringen des Rationalismus widerstand", heißt es in „Das Zeitalter der Glaubensspaltung" (1937). – Ihr letztes Werk, „Lebensbilder aus dem deutschen Widerstand", die sie unter dem Eindruck Helmut Gollwitzers, der damals noch junger Pfarrer war, zu sammeln begonnen hatte, konnte Ricarda Huch nicht mehr vollenden. Nur die Biographien der Münchner Geschwister Scholl schloss sie ab. 1953 hat Günter Weisenborn das zu Ende geführte Vermächtnis unter dem Titel „Der lautlose Aufstand" herausgegeben. Dieses Buch fügte sich folgerichtig in Ricarda Huchs Gesamtwerk, in dem den national und sozial Unterdrückten ihr besonderes Interesse galt.

Die über Achtzigjährige nahm nach dem Zweiten Weltkrieg noch am beginnenden geistigen Neuaufbau teil: 1945 wurde sie Ehrenpräsidentin des von Johannes R. Becher gegründeten Kulturbundes und eröffnete als Alterspräsidentin den neuen Landtag in Thüringen. Als Ehrenpräsidentin des ersten deutschen Schriftstellerkongresses in Berlin mahnte sie 1947, die Deutschen sollten der wahren Größe und der Einheit ihrer Kultur eingedenk bleiben und nach vorn schauen. In ihrer Wachheit sah sie, wie in Ostdeutschland die geistige Freiheit wiederum eingeengt werden sollte. So ist sie kurz vor ihrem Tod noch in die Nähe von Frankfurt am Main umgesiedelt, bis zuletzt ihre persönliche und künstlerische Integrität wahrend.

∴ *John Raleigh Mott* ∴

** Livingston Manor (New York) 25. Mai 1865, † Orlando (Florida) 31. Januar 1955. Amerikanischer Methodist. Gründete 1895 in Vadstena (Schweden) den Christlichen Studentenweltbund, dessen Generalsekretär er bis 1920, und dessen Vorsitzender er von 1920–1928 war; ab 1898 arbeitete er zugleich in leitender Stellung im CVJM (Christlicher Verein Junger Männer, heute: Christlicher Verein Junger Menschen); seit der Ersten Weltmissionskonferenz 1910 in Edinburgh großes Engagement für die ökumenische Bewegung; 1921–1941 Präsident des Internationalen Missionsrates; erhielt 1946 für die Verständigungsarbeit der Kirchen den Friedensnobelpreis; 1948 Ehrenpräsident des Ökumenischen Rates der Kirchen.*

In einem Nachruf auf den Friedensnobelpreisträger und Weltkirchenratspräsidenten John Raleigh Mott heißt es: „Er war der große Stratege des Christlichen Vereins Junger Männer während zweier Menschenalter. Unter seiner Führung wurde in den Jahrzehnten zwischen 1888 und 1928 jener Verein zu einer Welt umspannenden Bewegung – einer Bewegung, die sich bis nach Asien und Afrika ausdehnte." – Aber nicht nur die Jugendarbeit verlor in John Mott ihren engagiertesten Helfer und Organisator, sondern auch die internationale kirchliche Zusammenarbeit. Er war einer ihrer großen Anreger und Planer, „der Aktivist Gottes", wie ihn ein Bewunderer nannte.

Er kam aus der Tradition der amerikanischen Pioniere: daher die Tatenlust, die nicht so schnell zurückschreckt, daher der Sinn für das jeweils Mögliche und Praktische, daher das absolute Fehlen von Pessimismus, Zaghaftigkeit und Angst vor Komplikationen, daher schließlich seine stürmische Losung: „Evangelisation der Welt noch in dieser Generation!" – Diese Frische, diese angelsächsische Leidenschaft des „realize", des Verwirklichens, übertrug sich auf seine Mitarbeiter. Er gehörte der Methodistischen Kirche an, ist aber im Laufe des Lebens weit über alle Konfessionsgrenzen hinaus gewachsen. Sein wahrhaft ökumenisches Herz machte ihn zum geborenen Sprecher in Weltkirchenfragen; schon 1910 war er Vorsitzender der Weltmissionskonferenz in Edinburgh, bald danach Erster Vorsitzender des Internationalen Missionsrates. 1937 war er unter den Vorsitzenden der Weltkirchenkonferenz von Oxford; und als 1948 der Ökumenische Rat der Kirchen in Amsterdam gebildet wurde, wählten die Delegierten dieser weltweiten Versammlung den dreiundachtzigjährigen John Mott zu ihrem Ehrenpräsidenten. Aber nicht nur der Weltprotestantismus ist ihm zu Dank verpflichtet, auch die politischen Mächte ehrten ihn: John Mott war der große Friedenskämpfer, für den jede bewaffnete Auseinandersetzung „outlaw", das heißt außergesetzlich, weil menschenunwürdig, ja ein Frevel vor Gott war. Mott erhielt 1946 den Friedensnobelpreis – eben in Anbetracht seiner Verdienste um die Völker verbindende Arbeit der Kirchen.

John Mott war kein Theoretiker. Theologisches Fragen und Zweifeln, Bohren und Grübeln waren ihm wesensfremd. Für Konfessionsgezänk und das gegenseitige Verketzern theologischer Schulen hatte er kein Ohr. Dagegen war er, ohne viele Worte zu machen, der Verfechter des christlichen „common sense", das heißt, auch in geistlichen Fragen ließ er sich von praktischer Lebensklugheit und intuitiver Menschenkenntnis leiten. – John Raleigh Mott war ein ganz uneuropäischer, von Traditionen unbeschwerter Kirchenführer, der für die Anfänge eines weltweiten Zusammenwirkens aller protestantischen Kirchen in der ersten Hälfte des 20. Jahrhunderts Grundlegendes geleistet hat.

Nathan Söderblom

** Trönö 15. Januar 1866, † Uppsala 12. Juli 1931. Schwedischer Theologe und Religionshistoriker. Nach Studium der Theologie in Uppsala wurde er Geistlicher in der dortigen psychiatrischen Klinik; Pfarrer in Paris; ab 1901 Professor für Religionsgeschichte in Uppsala, 1912–1914 in Leipzig; 1914 Erzbischof von Schweden; förderte die liturgische Erneuerung; erfolgloser Friedensappell zu Beginn des Ersten Weltkriegs, strebte während des Krieges Versöhnung unter den Kirchen an; maßgeblich am Zustandekommen der Weltkonferenz für Praktisches Christentum 1925 in Stockholm beteiligt und an der Gründung des Ökumenischen Rats der Kirchen; 1930 Friedensnobelpreis.*

„Herr, gib mir Demut und Weisheit, der grossen Sache der freien Einheit deiner Kirche zu dienen", hatte der junge Söderblom in sein Tagebuch geschrieben, als er 1890 auf einer christlichen Studentenkonferenz in Northfield, USA, weilte. Als Pfarrer in Paris und Professor in Uppsala und Leipzig, als Nachfolger des frommen Erzbischofs von Schweden, Johann August Ekman, immer war er bestrebt, der Verständigung der Kirchen zu dienen. Wenn er sich im Ersten Weltkrieg auch vergebens für eine Annäherung der Kirchenvertreter der kriegführenden Staaten eingesetzt hatte, so konnte er doch bald nach 1918 die Versöhnungsarbeit der Kirchen fortsetzen und erlebte die Weltkonferenz für Praktisches Christentum in Stockholm (1925) als Höhepunkt seiner Anstrengungen. Heute ist uns die ökumenische Bewegung selbstverständlich geworden. Das verdanken wir in nicht geringem Maße dem Schweden Nathan Söderblom, der 1930 für all seine Verdienste um die Zusammenarbeit der verschiedenen konfessionellen Strömungen in den Kirchen der Welt und damit um eine allgemeine Völkerverständigung mit dem Friedensnobelpreis ausgezeichnet worden ist.

„Ein Christ muss auf seinem Posten fallen", so hat Söderblom einmal eine dringende Mahnung, sich zu schonen, abgewiesen. Er gönnte sich keine Ruhe. Auch den Amtsbrüdern mutete er viel zu: „Ein Pfarrer soll sich zu Tode arbeiten, aber langsam und mit Verstand." Man darf nun nicht annehmen, dass Söderblom aller Muße abhold war. Sie war bei ihm nur anderer Art: Stille vor dem Herrn, Besinnung auf das kommende Leben oder, wie es seine letzten Worte vor dem Sterben ausdrücken, „ewig Leben". Der norwegische Bischof Eivind Berggrau berichtet: „Bei dem großen Abendmahlsgottesdienst während des ökumenischen Kongresses 1925 hatte ich gerade ihm gegenüber meinen Platz. Es war eine unendliche Reihe von Kommunikanten; die Austeilung allein nahm anderthalb Stunden in Anspruch, und der Erzbischof war unter den ersten. Ich dachte: das muss ja unerträglich für ihn sein; die Zeit des Leiters der Versammlung ist doch gerade in diesen Tagen so kostbar – er müsste doch fortgehen dürfen. Aber er saß in seinem Stuhl ruhiger als alle, meist den Kopf auf die Hand gestützt. Als wir endlich hinausgingen, legte er den Arm um mich und sagte nur: ‚Wie schön, dieses Stillesein vor Gott.' Es war, als hätte er meine Gedanken erraten und wollte mich etwas lehren. Und seitdem ahnte ich etwas von dem ‚Geheimnis' um ihn."

Über dem Erzbischof, der maßgeblichen Anteil an der liturgischen Erneuerung hatte, und dem praktischen Theologen soll der Professor nicht vergessen werden. Was diesen besonders auszeichnete, war seine Forderung nach sauberer Gelehrtenarbeit und Wahrhaftigkeit, wobei die zentrale Stellung Christi nie infrage gestellt wurde: „Er ist die Klippe in der Welt der Wirklichkeit, um die nicht herumzuschiffen ist."

∴ *Theophil Wurm* ∴

** Basel 7. Dezember 1868, † Stuttgart 28. Januar 1953. Landesbischof von Württemberg. Sohn eines Pfarrers, dessen Vikar er 1891 in Blaubeuren wurde; Pfarrer der Inneren Mission, 1920 Dekan in Reutlingen, 1927–1929 Prälat in Heilbronn, 1933 Landesbischof von Württemberg; wurde einer der Wortführer der Bekennenden Kirche; protestierte gegen die Ermordung geistig Kranker 1940 u. a. mit einem bekannt gewordenen Brief an Staatssekretär Conti sowie 1941 gegen die Vernichtung der Juden; gründete 1941 das Kirchliche Einigungswerk; nach 1945 um Zusammenschluss der Evangelischen Kirchen bemüht; 1945–1949 erster Vorsitzender des Rates der EKD.*

Der württembergische Landesbischof Theophil Wurm wäre einer der markanten und verantwortungsvollen, aber doch unauffälligen Kirchenführer seiner süddeutschen Heimat geblieben, wenn ihn nicht die Übergriffe des Faschismus gegen die Kirche auf den Plan gerufen hätten. Er nannte sich und seine Frau ein „schlichtes Pfarrpaar wie alle anderen", das sich aber in den Jahren nach 1933 seiner Verantwortung nicht entzog. – Wurm hatte in seinem Baseler Elternhaus erfahren, wie sich pietistische Frömmigkeit mit einer allem Schwärmerischen abgeneigten, klaren Theologie verbunden hatte. Jahrzehntelange Tätigkeit bei der Evangelischen Gesellschaft in Stuttgart mit ihrer evangelistischen Prägung hatte dem jungen Geistlichen früh den Blick geschärft. Sein Weg vom Pfarrer in Ravensburg zum Dekan in Reutlingen, von da zum Prälaten von Heilbronn und schließlich zum Landesbischof erscheint ohne Bruch. Eigentlich ein Kirchenmann durchaus deutsch-nationaler Prägung, wählte er 1933 noch den von den Deutschen Christen vorgeschlagenen Ludwig Müller zum Reichsbischof, der dann allerdings Bodelschwingh knapp unterlag. Aber schon im Herbst 1934 wurde er als ein Wortführer der Bekennenden Kirche zeitweilig unter Hausarrest gestellt.

Zusammen mit Friedrich von Bodelschwingh und Paul Braune trat Theophil Wurm 1940 angesichts der unmenschlichen Maßnahmen der Nazi-Führung für die Insassen von Heil- und Pflegeanstalten ein und verurteilte 1941 die Judenverfolgung. Hatte Wurm bis dahin gelegentlich noch taktiert, so äußerte er sich nun offen und stand zuverlässig zur Bekennenden Kirche. Er war übrigens einer der wenigen Geistlichen, die nach 1945 eigenes Versagen eingestanden haben in Situationen, da „die Macht der Finsternis größer war als die des Lichts".

Das Hauptgewicht seines Lebenswerkes sah Wurm selber in den Jahren nach dem Krieg; damals war er der eifrige Rufer für den Zusammenschluss der evangelischen Landeskirchen. Von ihm ging die Anregung zu den ersten kirchlichen Nachkriegsbegegnungen in Treysa aus, und er hat als Achtzigjähriger die Gründung der EKD durch die Verfassung gebende Synode in Eisenach 1949 als Höhepunkt und Abschluss seines Lebenswerkes empfunden. Unvergesslich sind seine Schlussworte vor der Synode, in denen er von einer behelfsmäßigen Notkirche sprach, die alles andere als ein prächtiger Dom sei: „Wir haben zu unserem Heil erfahren, dass das unbedingte und alleinige Vertrauen auf Gottes Gnade und Führung, auf die Verheißung des lebendigen Herrn der Kirche und die Leitung des Heiligen Geistes den größten Segen in sich birgt." – „Im Blick auf das Schwere", so enden seine Lebenserinnerungen, „das Gott den Seinen zu tragen gibt, und in tiefster Dankbarkeit für das Große, das er auch mich hat erleben lassen, schließe ich mit dem Wort des 77. Psalms: ‚Gott, Dein Weg ist heilig.'"

∴ Ernst Barlach ∴

** Wedel/Holstein 2. Januar 1870, † Rostock 24. Oktober 1938. Bildhauer, Zeichner, Dichter. Besuchte die Hamburger Gewerbeschule, studierte 1891–1895 an der Dresdner Akademie; 1906 Russlandreise, die ihn nachhaltig prägte; arbeitete zurückgezogen im mecklenburgischen Güstrow. Ab 1927 Denkmale für Kriegsgefallene, von Anfang an umstritten. Von den Nationalsozialisten der so genannten entarteten Kunst zugerechnet; seine Werke wurden aus der Öffentlichkeit entfernt, teilweise zerstört. Er gestaltete Menschen in Vereinsamung und als Sinnsucher, „sehnsüchtige Mittelstücke zwischen einem Woher? und einem Wohin?", denen der Zugang zu Gott verschlossen bleibt.*

„Ich glaube, dass ich schon sagte, dass ich mich scheue, seit langem, von ‚Gott' zu reden, obgleich das Wort immer wieder plötzlich da ist", schrieb Barlach an einen jungen Pfarrer, und ein andermal: „Ich schäme mich, von Gott zu sprechen – das Wort ist zu groß für meinen Mund. Ich begreife, dass er nicht zu begreifen ist, das ist all mein Wissen von ihm."

Aus diesen Worten ist ein klares Selbstzeugnis des Menschen Barlach und seiner Gottesbeziehung abzulesen. Ernst Barlach war einer der bedeutendsten Künstler der ersten Hälfte des 20. Jahrhunderts, aber er war ebenso ein einsamer, verkannter und grüblerischer Mensch, der das Leben und seine Kunst ernst und schwer nahm. So vielseitig er als Zeichner, Bildhauer und Dichter war, so einheitlich ist doch die innere Struktur seines Schaffens. Vor allem aus Holz schnitzte er Figuren oder Druckstöcke, die ebenso kantig und scharf geschnitten sind wie die Gestalten seiner Dramen oder das Gefüge seiner Sätze.

Barlach liebte die Weite und die Einsamkeit: Er fand in den Steppen Russlands Landschaft und Gestalten, die seiner Kunst entsprachen. Die seltsam verschlossenen, dem Himmel und der Erde ausgesetzten Menschen östlicher Weite wurden Sinnbilder seiner Erlebniswelt, „Symbol für die menschliche Situation in ihrer Blöße zwischen Himmel und Erde".

Zuletzt wohnte Barlach am Heidberg bei Güstrow, dort schuf er seine großen Plastiken. Die Figuren sind wie Zeugnisse stummen Leidens und Grübelns: der Sterngucker, die Lesenden, die Singenden, Schlafenden, die Bettler. In der mecklenburgischen Abgeschiedenheit hielt er Zwiesprache mit der „Hexe Einsamkeit", der Gefährtin seiner Tage. Mit Beginn des Dritten Reiches wurde auch Barlach angegriffen; seine Werke wurden als „entartete Kunst" bezeichnet und aus der Öffentlichkeit entfernt, zum Teil vernichtet. Er erhielt Berufsverbot, wurde später sogar enteignet und starb als verfemter Künstler.

Seine Denkmale für die Kriegsopfer in Güstrow (Schwebender) und Kiel (Geistkämpfer) sind Zeugnis und ernste Mahnung. Seine Figuren an der Katharinenkirche Lübeck zeigen sein Bild der menschlichen Existenz: verlassen, verloren, nur auf Hoffnung und Hilfe gestellt, so blickt der Bettler nach oben. Sein Selbstbildnis symbolisiert in wenigen starken Strichen die ganze Härte und Einsamkeit seines Lebens und sein Ringen um Gott und die Wahrheit.

∻ *Albert Schweitzer* ∺

** Kaysersberg (Elsass) 14. Januar 1875, † Lambarene 14. September 1965. Theologe und Arzt. Sohn eines Pfarrers, studiert Theologie, Philosophie und Musikwissenschaft, wird Prediger und Dozent für Neues Testament in Straßburg; studiert 1905–1912 Medizin und geht 1913 nach Lambarene in Gabun (westliches Zentralafrika), wo er mit seiner Frau ein Krankenhaus aufbaut; nach gewaltsamer Ausweisung 1917 und Internierungslager baut er 1925 das Krankenhaus wieder auf und bleibt bis zu seinem Tod dort, unterbrochen von Reisen in die ganze Welt. Berühmt wurde er wegen seiner die ganze Schöpfung umfassenden Ethik von der „Ehrfurcht vor dem Leben"; 1952 Friedensnobelpreis.*

Der Name Albert Schweitzer gehörte in der zweiten Hälfte des 20. Jahrhunderts zu den bekanntesten weltweit. Als Urwalddoktor von Lambarene und als Verkünder der „Ehrfurcht vor dem Leben" nötigte er auch Menschen Hochachtung ab, denen die christliche Grundlage seines Denkens und Handelns fremd war.

Schweitzer hatte sich als Theologe (Leben-Jesu-Forschung, Geschichte der Paulus-Forschung, Religionsphilosophie Kants) und als Musikwissenschaftler (Johann Sebastian Bach) bereits einen Namen gemacht, als er begann, Medizin zu studieren, um, wie er sagte, dem „armen Lazarus", der in Afrika lag, zu helfen. Der Anstoß dafür war gewesen, dass er 1904 in der Zeitschrift einer Pariser Missionsgesellschaft gelesen hatte, sie benötige dringend Helfer im westlichen Kongogebiet. Was am Schluss seines Werkes über die Geschichte der Leben-Jesu-Forschung (1906) steht, wurde für ihn selbst zur lebensverändernden Einsicht: „Er (Jesus) sagt dasselbe Wort: Du aber folge mir nach! und stellt uns vor Aufgaben, die er in unserer Zeit lösen muss."

1913 gründete er in der französischen Kolonie Gabun, im westlichen Zentralafrika, sein Urwaldhospital. Dass er sein erfolgversprechendes, gesichertes Leben in Europa aufgab und als Arzt nach Afrika ging, verstand er auch als ein Sühnezeichen für das von Weißen an Afrikanern begangene Unrecht. Dabei war er kein ekstatischer Mystiker, und ebenso fern war ihm ein problemloser Pietismus. Bis zuletzt blieb er ein Freund des vielfach kritisierten Rationalismus des achtzehnten Jahrhunderts. Der Aufklärung fühlte er sich verpflichtet, die er als geistige Bewegung verstand, der es um Vernunft und um moralisch verantwortliches, mutiges Handeln ging. In demütiger Einsicht war ihm eine innere Haltung eigen, für die der aus dem Mittelalter stammende Begriff „docta ignorantia", wissende Unwissenheit, zutrifft. Keiner der beiden Züge, die zur Wesensart Schweitzers gehören, darf übersehen werden: Inneres Erfülltsein von der Erscheinung Jesu Christi und zugleich eine unbestechliche intellektuelle Redlichkeit. Diese geistige Unbestechlichkeit, verbunden mit einem wachen Gewissen, bewahrte ihn davor, den Ideologien des 20. Jahrhunderts zu verfallen. Weder Kolonialismus, Faschismus noch Kommunismus und schon gar nicht der so genannte Kalte Krieg konnten ihn für sich gewinnen.

Albert Schweitzer war der erste Theologe, der den Begriff des Lebens ins Zentrum von Theologie und Ethik stellte. Dabei definierte er den Begriff nicht, grenzte ihn nicht vom Nicht-Leben ab. Er wollte ihn nicht nur auf den Menschen beziehen; erst ein umfassendes Verständnis von Leben ermöglichte nach seiner Meinung eine Ethik absoluter Ehrfurcht vor dem Leben. „Gut ist, Leben erhalten und Leben fördern; schlecht ist, Leben hemmen, schädigen und stören."

∴ Rudolf Alexander Schröder ∴

** Bremen 26. Januar 1878, † Wiessee (Oberbayern) 22. August 1962. Lyriker, Essayist und Übersetzer. Sohn eines Kaufmanns, ging nach dem Abitur nach München, Beschäftigung mit Architektur und Literatur; begründete 1899 mit A. W. Heymel und O. J. Bierbaum die Zeitschrift „Die Insel"; von Anfang an auf die Wahrung kultureller Traditionen bedacht; 1905–1908 in Berlin, danach als Schriftsteller und Architekt in Bremen; von den Nazis mit Auftrittsverbot belegt, schloss sich der Bekennenden Kirche an, ging nach Oberbayern, wo er vor allem als Landschaftsmaler lebte; einer der Erneuerer des protestantischen Kirchenlieds; nach 1945 viele Ehrungen.*

Nachdem 1937 Rudolf Alexander Schröders Gedichtband „Ballade vom Wandersmann" erschienen war, in dem sich der Dichter eindeutig vom Naziregime distanziert hatte, wurde ihm „jedes Auftreten in der Öffentlichkeit verboten". Die Evangelische Landeskirche in Bayern, wohin er von seiner Vaterstadt Bremen aus übergesiedelt war, gab ihm 1942 die Möglichkeit, in Vertretung von Geistlichen Gottesdienste zu halten. Seine Predigten vor und nach 1945, die er vor allem vor Studenten hielt, belegen eine gründliche Auseinandersetzung mit den Bibeltexten und ihre Anwendung auf die Probleme der Gegenwart. Viele junge Menschen haben bei ihm Rat und Ermutigung gesucht und auch erhalten.

Bereits zu Beginn des Kirchenkampfes hatte Schröder sich der Bekennenden Kirche angeschlossen. Ähnlich wie Jochen Klepper dichtete er vermehrt Kirchenlieder und verfolgte damit durchaus den Zweck, vor allem die Bekenntnisgemeinden sowie die einzelnen Christen zu stärken. Zum Beispiel entstanden das auch heut noch viel gesungene „Abend ward, bald kommt die Nacht" und „Wir glauben Gott im höchsten Thron". Das neue Evangelische Gesangbuch enthält insgesamt drei Lieder Schröders, neben den beiden genannten noch „Es mag sein, dass alles fällt". Gerade letzteres erfüllt die Funktion des Tröstens und Ermutigens. Darin heißt es: „Es mag sein, dass Trug und List eine Weile Meister ist ... Es mag sein, dass Frevel siegt, wo der Fromme niederliegt; doch nach jedem Unterliegen wirst du den Gerechten sehn lebend aus dem Feuer gehn, neue Kräfte kriegen."

Schröders geistliche Lieder und Gedichte orientieren sich an kirchlicher Liturgie, Lehre und Ordnung, und sind darin den katholischen Dichtern Gertrud von le Fort und Reinhold Schneider verwandt. Im Unterschied zu ihnen aber verstand sich Schröder „niemals als ein Neubeginner, Neutöner oder Verhänger neuer Tafeln, sondern als Fortsetzer mitunter sogar – und zwar mit Vergnügen – als Wiederholer".

Schröder war ganz der Tradition des 18. und 19. Jahrhunderts verhaftet. Ihm standen vielfältige lyrische Ausdrucksformen zu Gebote (Ode, Elegie, Ballade, Sonett, volksliedhafte Strophen); formvollendet übersetzte er antike Dichter (Homer, Vergil, Horaz), niederländische und flämische Lyrik sowie klassische französische Theaterstücke und Dramen von Shakespeare.

Nach dem Zweiten Weltkrieg konnte er ungehindert veröffentlichen, und er legte noch einmal ein reiches Werk vor, das neben Lyrik und Übersetzungen auch erzählende Prosa und Essays umfasste. Immer stärker widmete er sich dem Kirchenlied und theologischen Problemen. Auf die Katastrophen der ersten Jahrhunderthälfte und auf die Gefahren des Kalten Krieges konnte er nur mit einer national-konservativen Gesinnung antworten und in einer traditionellen Sprache, die angesichts der Zerstörungen beschwörend und hilflos zugleich wirkte.

∽: *Otto Dibelius* :∽

** Berlin 15. Mai 1880, † Berlin 31. Januar 1967. Bischof der Kirche von Berlin-Brandenburg. Seit 1915 Pfarrer in Berlin, wurde 1921 Mitglied des Oberkirchenrats, 1925 Generalsuperintendent der Kurmark, aus politischen Gründen 1933 von den Nazis entlassen; führendes Mitglied der Bekennenden Kirche; 1945–1966 Bischof der Berlin-Brandenburgischen Kirche; 1949–1961 Vorsitzender des Rates der EKiD; 1958 Verleihung der Ehrenbürgerrechte von (West-)Berlin durch Willy Brandt; wegen Kritik am politischen System der DDR, vor allem seines geistigen Herrschaftsanspruchs, verwehrte ihm die Ostberliner Regierung seit 1960, den Ostteil seines Sprengels zu betreuen.*

An der Gestalt des Berliner Bischofs Otto Dibelius scheiden sich die Geister. Während die einen seine Standhaftigkeit, seinen starken Glauben und seine tiefe Frömmigkeit rühmen, tadeln andere sein Festhalten an alten Strukturen, seine einseitige Parteinahme gegen den Bolschewismus sowie seine Unfähigkeit, die Mitschuld der Kirche am Zusammenbruch der Weimarer Demokratie zu sehen. Sowohl das Lob als auch der Tadel sind berechtigt, aber erst, wenn wir beides zusammensehen, erhalten wir eine Vorstellung, die Dibelius einigermaßen gerecht wird.

Diese gegensätzlichen Bewertungen machen vor allem eins deutlich: Dibelius hat sich in kirchliche und politische Prozesse eingemischt, er hat nicht als Betrachter zugeschaut, wie sich andere die Finger schmutzig machen.

1925 wurde er Generalsuperintendent der Kurmark, bereits 1933 enthoben ihn die Nazis aus politischen Gründen dieses Amtes. Danach stand er an führender Stelle in der Bekennenden Kirche. Wie er die Eigenständigkeit der Kirche dem nationalsozialistischem Staat gegenüber verteidigt hatte, so verteidigte er sie nach 1945 auch dem kommunistischen Staat gegenüber. Die Ostberliner Regierung beantwortete seine Kritik damit, dass sie ihm untersagte, den Ostteil seines Sprengels zu betreuen. – Die politischen Verhältnisse führten dazu, dass sich Dibelius immer wieder politisch äußerte. Aber zuinnerst war er ein leidenschaftlicher Prediger und ein frommer Christ, der sich in knapper, verständlicher Form ausdrücken konnte. Als Beispiel sei hier ein Ausschnitt aus seinem Text „Der rechte Glaube“ von 1959 wiedergegeben: „… Nun gibt es freilich mancherlei Glauben auf der Welt. Und wir rechten nicht gern mit jemandem um seinen Glauben. Denn jeder Glaube ist besser als gar keiner. Aber das Allerbeste ist doch natürlich ein rechter Glaube. Und ein rechter Glaube muss drei Stücke haben: Es muss erstens ein Glaube an Gott sein. Nicht an einen Gott, den wir uns selber machen und der nur in unserer Einbildung existiert, sondern ein Gott, der wirklich da ist, von dem die Bibel Zeugnis gibt, sowie die vielen Menschen, die ihn in ihrem Leben erfahren haben.

Zweitens muss es ein Glaube sein, der sich keine falschen Vorstellungen darüber macht, wie es mit uns selber bestellt ist. Wer sich nämlich für einen vortrefflichen Menschen hält, der wird niemals zu einem wirklichen Glauben kommen, sondern immer ein Egoist bleiben, auch wenn er meint, er sei doch ein gläubiger Mensch.

Und drittens muss es ein Glaube an den Herrn Jesus Christus sein, der in die Welt gekommen ist, um uns zu helfen. Es kann sich nämlich keiner an seinem eigenen Schopf aus dem Sumpf ziehen … Sondern es muss ihm jemand die Hand reichen, und zwar eine starke Hand, an der man sich festhalten kann. Diese starke Hand streckt uns Jesus Christus entgegen, deshalb sagen wir auch, dass er unser Heiland ist …“

∽: George Bell :∼

** Hayling Island 4. Februar 1883, † Hayling 3. Oktober 1958. Britischer anglikanischer Theologe. 1914–1924 enger Mitarbeiter (Chaplain) des Primas der Church of England, Erzbischof Randall Davidson; 1929–1958 Bischof von Chichester, der Kathedralstadt der südenglischen Grafschaft Sussex; 1932–1934 Vorsitzender von „Life and Work", der „Bewegung für Praktisches Christentum"; während des Zweiten Weltkriegs Mittelsmann zwischen Kreisen des deutschen Widerstands (Bonhoeffer) und der britischen Regierung; verschaffte vielen Juden in Großbritannien Asyl; 1948 Vorsitzender des Zentral- und Exekutivausschusses des Ökumenischen Rats der Kirchen.*

Eng ist der Name George Bells, des Bischofs von Chichester, mit der ökumenischen Arbeit verbunden. Bereits im Jahr 1906, als der Begriff „ökumenische Bewegung" noch nicht erfunden war, entwarf er als Mitglied des „Theological College" in Wells eine Liturgie, die der Fürbitte für die Einheit der Christenheit gewidmet war. Als enger Mitarbeiter von Erzbischof Randall Davidson, der von 1903 bis 1928 Primas der Church of England war, lernte er Vertreter verschiedener Kirchen nicht nur aus Europa, sondern auch aus anderen Kontinenten persönlich kennen. So war es nahe liegend, dass er als Mitglied der britischen Delegation an der ersten Weltkirchenkonferenz teilnahm, die 1925 auf Einladung des schwedischen Erzbischofs Nathan Söderblom in Stockholm stattfand. Von da an wirkte er wesentlich an der Entwicklung zwischenkirchlicher Beziehungen mit. Dass die ökumenische Bewegung in den Jahren des Zweiten Weltkriegs nicht zum Stillstand kam, war vornehmlich sein Verdienst. Die ökumenische Arbeit im Krieg war nicht von politischer Tätigkeit zu trennen. Markantes Beispiel dafür ist Bells Zusammentreffen mit Bonhoeffer in Stockholm und Sigtuna im Jahr 1942 und sein energisches Eintreten für die Bekennende Kirche in Deutschland. Dadurch, dass Bell im Juli 1938 Mitglied des britischen Oberhauses wurde, erhielt seine Stimme größere Reichweite. Er redete immer dann, wenn ihm schien, dass ein Wort aus christlicher Sicht den Eindruck scheinbarer Einmütigkeit verhindern oder Entscheidungen verändern könne – ob es sich nun um die Friedensziele der Alliierten, um die Zukunft der Zivilinternierten in England, um Flüchtlingsfragen oder um die Konzentrationslager und das Schicksal ihrer Insassen handelte. Stets ging es Bell dabei um „Kirche und Menschlichkeit".

Mitmenschlichkeit zeigte Bell noch auf andere, sehr praktische Weise. Sein Lebensweg brachte ihn häufig mit Menschen in Kontakt, die „unter die Räuber gefallen" waren und auf seine bischöflichen Samariterdienste warteten. So wurde Bell „Helfer der Leidenden" unter seinen Zeitgenossen. In Leeds, wo er kurze Zeit Pfarrer war, in Canterbury und in Chichester zeigte er sich als Vorkämpfer in sozialen Fragen, machte sich Forderungen der Gewerkschaften zu eigen, suchte die Wohnungsnot abzubauen und sorgte für Arbeitsbeschaffung. Bells Fürsorge für die Flüchtlinge, die sich nach 1933 aus Deutschland, Österreich und der Tschechoslowakei nach England retteten, war eine große Ausnahme unter Gleichgültigkeit oder gar Ablehnung.

Seine Flüchtlingskorrespondenz überstieg lange Zeit das Arbeitspensum eines Einzelnen. Er gründete das „Church of England Committee for non-Aryan Christians", um jüdischen Emigranten zu helfen. Im Krieg scheute sich der Bischof nicht, die „feindlichen Ausländer", wie sie offiziell genannt wurden, in den Lagern auf der Isle of Man persönlich zu besuchen.

∴ *Karl Barth* ∴

** Basel 10. Mai 1886, † Basel 10. Dezember 1968. Reformierter Theologe. Studierte in Bern, Berlin (A. v. Harnack), Tübingen und Marburg (W. Herrmann); wurde Hilfspfarrer in Genf und Pfarrer in der Arbeiter- und Bauerngemeinde Safenwil (Aargau); veröffentlichte 1919 einen Kommentar zum Römerbrief (zweite, völlig überarbeitet Auflage 1922), wurde daraufhin 1921 Professor in Göttingen, 1925 in Münster, 1930 in Bonn; Gegner des Nationalsozialismus, „Vater der Bekennenden Kirche"; 1935 entlassen, ging nach Basel; Mitbegründer und Wortführer der so genannten Dialektischen Theologie (Einfluss Kierkegaards); Mitglied der sozialdemokratischen Partei der Schweiz.*

In einem Interview, das der Rundfunk etwa vier Wochen vor dem Tod Karl Barths ausstrahlte, definierte Barth seine Lebensarbeit mit folgenden Worten: „Meine ganze Theologie ist im Grund eine Theologie für die Pfarrer, sie ist herausgewachsen aus meiner eigenen Situation, wo ich unterrichten, predigen und ein wenig Seelsorge üben musste. Dabei sah ich, dass es so nicht weitergehe, wie ich es auf der Universität gelernt hatte. Also galt es, einen neuen Anfang zu machen, und das habe ich dann versucht."

Wie einst Martin Luther vertiefte er sich während des Ersten Weltkriegs in den Römerbrief des Apostels Paulus. Er wollte anderen Anteil am Ergebnis dieser Arbeit geben und veröffentlichte 1919 seine eigenwillige Auslegung des Römerbriefes, die ihn schnell bekannt machte. 1922 folgte eine völlig veränderte Neuauflage. Das Thema der Theologie war für ihn das Wort Gottes, ihre Aufgabe die gleiche wie die der Predigt, nämlich „das Wort des Christus aufzunehmen und weiterzugeben". Dabei erkannte er, dass man sich dialektischer Aussagen bedienen müsse. Das Wort Gottes verbinde mit seinem „Nein" dem höchsten Streben des Menschen gegenüber das „Ja" des menschenfreundlichen Gottes zu ebendiesem Menschen. Auch die Aufgabe des Predigers lasse sich nur dialektisch beschreiben. Barth formulierte es 1922 in einem Vortrag: „Wir sollen als Theologen von Gott reden. Wir sind aber Menschen und können als solche nicht von Gott reden. Wir sollen beides, unser Sollen und unser Nichtkönnen, wissen und eben damit Gott die Ehre geben." Das theologische Bemühen Barths und seiner Freunde, die sich seit 1923 um die in München erscheinende Zeitschrift „Zwischen den Zeiten" sammelten, erhielt deshalb von außen den Namen „Dialektische Theologie".

Aus Barths Vorlesungen erwuchs nach 1931 sein Hauptwerk, die „Kirchliche Dogmatik". In ihr entfaltet er die „christliche Lehre ausschließlich als Lehre von Jesus Christus als dem uns gesagten lebendigen Wort Gottes". Die Summe dieser Kirchlichen Dogmatik findet sich in der von Karl Barth verfassten Barmer Theologischen Erklärung, die 1934 in Abwehr der deutsch-christlichen Irrlehre von der ersten deutschen Bekenntnissynode beschlossen wurde. Der erste Satz darin lautet: „Jesus Christus, wie er uns in der Heiligen Schrift bezeugt wird, ist das eine Wort Gottes, das wir zu hören, dem wir im Leben und Sterben zu vertrauen und zu gehorchen haben."

Karl Barth hat sich stets gemüht, immer wieder neu auf dieses eine Wort Gottes zu hören. Im Alter wurde er zum Vertreter einer „humanen Theologie", die besagt: Gottes recht verstandene Göttlichkeit schließt seine Menschlichkeit ein. Weil Gott in Jesus Christus menschlich zu uns Menschen ist, können und müssen auch wir mitmenschlich sein. „Das hat dazu geführt, dass meine ganze Theologie immer eine starke politische Komponente hatte."

Elsa Brändström

** Petersburg 26. März 1888, † Cambridge (Massachusetts) 4. März 1948. Rot-Kreuz-Schwester und Fürsorgerin. Tochter des schwedischen Gesandten in Petersburg, war 1914–1920 Delegierte des Schwedischen Roten Kreuzes in russischen Kriegsgefangenenlagern, maßgeblich an Versorgung und Rückführung der Gefangenen beteiligt („Engel von Sibirien"); gründete 1920 das „Schwedische Komitee für Kriegsgefangene"; richtete in Deutschland Arbeitssanatorien für verletzte ehemalige Kriegsgefangene und Waisenhäuser für Kinder verstorbener Kriegsgefangener und Gefallener ein; veröffentlichte 1921 ihre Erinnerungen „Unter Kriegsgefangenen in Russland und Sibirien 1914–1920".*

Unmittelbar nachdem 1914 der Erste Weltkrieg ausgebrochen war, ging Elsa Brändström, die Tochter des schwedischen Gesandten in Petersburg, als Abgesandte des Schwedischen Roten Kreuzes in russische Kriegsgefangenenlager und Lazarette. Von Petersburg bis Wladiwostok war sie unterwegs. Sie hat die Versorgung der Kranken und Kriegsgefangenen nicht nur organisiert, so gut es ging, sie hat nicht nur leidenschaftliche Aufrufe mit Bitten um Unterstützung verfasst, die mit Hilfssendungen aus vielen Ländern beantwortet wurden, sondern sie hat immer auch unmittelbar geholfen: In strenger Kälte hat sie Strohsäcke zusammengenäht, sie hat Kranke in den Flecktyphusbaracken versorgt – und sich dabei angesteckt. Ganz selbstverständlich hat sie auch die alltäglichen Pflichten übernommen.

Sie wusste, dass die Gefangenen nicht nur materielle Hilfe brauchten. Da sie mit ihnen zusammenlebte, spürte sie auch ihre seelischen Nöte. Dem Mitfühlen und Mitleiden folgte der nächste Schritt: Sie tröstete, ermutigte, verbreitete eine freundliche Atmosphäre, versuchte Lebensmut zu vermitteln und die Gefangenen ihrer Apathie zu entreißen. Die Energie und die Selbstüberwindung, die sie brauchte, um angesichts des Leidens und des Hungerns, der Krankheit und des Sterbens gleichmäßig freundlich zu bleiben, bezog sie aus ihrem Glauben und aus dem Bewusstsein, an der richtigen Stelle zu sein und gebraucht zu werden. Deshalb auch blieb sie, als sie hätte gehen können. Auch als sie zu ihrem schwerkranken Vater gerufen wurde, verließ sie die Gefangenen nicht: „Hier sind Tausende und dort ist einer.“ Ihr Vater verstand sie. Er hatte sich nach eigenen Worten niemals um sie geängstigt: „Warum sollte ich unruhig sein, sie geht des Herrn Wege.“

Über ihre Erlebnisse und Eindrücke hat sie in dem 1921 veröffentlichten Buch „Unter Kriegsgefangenen in Russland und Sibirien 1914–1920“ geschrieben.

Elsa Brändströms Fürsorge für die Gefangenen endete nicht mit dem Ende des Krieges; sie war maßgeblich an deren Rückführung nach Hause beteiligt. Nach ihrer eigenen Rückkehr gründete sie 1920 das „Schwedische Komitee für Kriegsgefangene“. In den USA und in Skandinavien beschaffte sie sich Mittel zur Einrichtung von so genannten „Arbeitssanatorien für ehemalige kriegsgefangene Deutsche“ und zur Eröffnung von Waisenhäusern für Kinder verstorbener Kriegsgefangener und Gefallener in Deutschland.

Wegen ihres selbstlosen Einsatzes für die Kriegsgefangenen und Verletzten in Russland wurde sie auch als „Engel von Sibirien“ bezeichnet. „Florence Nightingale Schwedens“ ist ein anderer liebevoller Ehrenname. In der Begründung für die Verleihung des Ehrendoktors durch die Universität Tübingen heißt es: „Die dem Gebote des Herzens folgend mutig den Schwachen half, die Brücken schlug von Volk zu Volk und von Mensch zu Mensch, stärker als das Recht sie zu schaffen vermag.“

Heinrich Grüber

* Stolberg (Rheinland) 24. Juni 1891, † (West-)Berlin 29. November 1975. Pfarrer. Sohn eines Lehrers, studierte 1910–1914 in Bonn, Berlin und Utrecht Theologie, zum Militärdienst eingezogen, 1920 Ordination in Berlin, erste Pfarrstelle in Dortmund-Brackel, 1926–1933 Direktor des Erziehungsheims Waldhof bei Templin, von Nationalsozialisten entlassen, ab 1934 Pfarrer in Berlin-Kaulsdorf, Mitglied der Bekennenden Kirche; „Büro Pfarrer Grüber" in Berlin als Hilfsstelle für verfolgte Juden gegründet, 1937 erste Verhaftung, 1941–1943 im KZ Dachau; ab 15. August 1945 Propst von Berlin; Bevollmächtigter des Rates der EKD bei der Regierung der DDR.

Am 16. Mai 1961 trat Heinrich Grüber in Jerusalem als Zeuge der Anklage im Prozess gegen Adolf Eichmann auf. Als Eichmanns Verteidiger ihn fragte, ob er dem Angeklagten vorgehalten hätte, „dass sein Verhalten nicht der Moral entspreche", berichtete Grüber von einer persönlichen Begegnung mit Eichmann in dessen Büro, der „Reichszentrale für jüdische Auswanderer" in Berlin: „Ich kam eines Abends sehr abgekämpft in die Kurfürstenstraße, und da hatte ich den Eindruck, dass der Angeklagte, darf ich so sagen, einen guten Tag hatte. Vielleicht hatte er auch etwas Mitleid mit mir. Ich weiß nicht, ob der Angeklagte sich dieser Situation entsinnt. Er sagte: ‚Was kümmern Sie sich überhaupt um die Juden? Sie werden keinen Dank für diese Arbeit haben. Warum denn diese ganze Tätigkeit zugunsten der Juden?' Ich sagte darauf: ‚Sie kennen die Straße, die von Jerusalem nach Jericho führt?' Dann sagte ich: ‚Auf dieser Straße lag einmal ein Jude, der unter die Räuber gefallen war. Da kam einer vorbei, der kein Jude war, und hat geholfen. Der Herr, auf den ich höre, er sagt mir: Geh du und tue das gleiche! – Das ist meine Antwort!'"

Eichmann kam in seinem Schlusswort vor Gericht auf diese Episode zu sprechen und erklärte: „Niemand ist an mich herangetreten und hat mir Vorhaltungen gemacht wegen meiner Amtstätigkeit." Hätte Grüber 1939/40 mit Eichmann Klartext reden müssen? Hätte er damit die Judenvernichtung aufhalten können? Hätte er damit andererseits die Arbeit seines Büros gefährdet? Hätte er konsequent jede Zusammenarbeit mit Gestapo und SS verweigern sollen?

Dietrich Bonhoeffer hat damals festgestellt, dass unter den Bedingungen des Faschismus jeder verantwortlich Handelnde schuldig werde und sich die wirkliche Unschuld gerade in der bewussten Übernahme von Schuld erweise.

Heinrich Grüber hat das Gleichnis vom barmherzigen Samariter oft verwendet, um zu Hilfe für Verfolgte aufzurufen oder um verweigerte Hilfe zu beklagen.

Nach dem Einmarsch Hitlers in Österreich, dem sogleich eine brutale Judenvertreibung folgte und nach der Progromnacht im November 1938 wurde die Situation der Juden unerträglich. Heinrich Grüber war damals Pfarrer in Berlin-Kaulsdorf und bereits als Helfer für verfolgte Juden bekannt. Im Dezember 1938 konnte er in Berlin-Mitte eine Hilfsstelle einrichten, die Juden vor allem bei der Ausreise unterstützen sollte. Grüber gab dieser Dienststelle seinen Namen; als „Büro Pfarrer Grüber" ist es sofort bekannt geworden und in die Geschichte eingegangen. Aus den fünf Mitarbeitern vom Dezember 1938 waren im Februar 1939 30 und im Juli bereits 35 geworden. Die Arbeit wurde immer umfangreicher; schon im Januar musste die Auswanderungsabteilung ausziehen. Die neue Adresse „An der Stechbahn 3–4" (gegenüber dem Berliner Schloss) wurde zur Anlaufstelle Tausender Verfolgter und häufig ihre letzte Hoffnung.

∻ Paul Schneider ∻

** Pferdsfeld/Hunsrück (heute zu Sobernheim gehörend) 29. August 1897, umgebracht im KZ Buchenwald 18. Juli 1939. Pfarrer. Sohn eines Pfarrers, 1915 Notabitur in Gießen, Kriegseinsatz, schwere Verwundung in Russland, ab 1919 Theologiestudium in Gießen, Marburg und Tübingen; nach Erstem Examen Industriepraktikum als Arbeiter am Hochofen; 1924 bei Berliner Stadtmission; 1926 Amtsnachfolger seines Vaters. Nach anfänglichen Sympathien für die „Deutschen Christen“ erklärte er seiner Gemeinde, dass dies der falsche Weg sei; seit 1934 Pfarrer in Dickenscheid/Hunsrück; März 1935 erste Verhaftung; seit November 1937 im KZ Buchenwald, dort ermordet.*

Mitten in die Kommandos der Wachmannschaften, in das Aufrufen von Häftlingsnummern ertönte über dem Appellplatz des Konzentrationslagers Buchenwald der Ruf „Jesus Christus spricht: Ich bin das Licht der Welt; wer mir nachfolgt, wird nicht wandeln in der Finsternis.“ Und so an vielen Morgen, immer zur Appellzeit. Stets waren es kurze Bibelsprüche, auf die konkrete Situation im Lager bezogen oder auf das Kirchenjahr. Zu Ostern hieß es: „So spricht der Herr: Ich bin die Auferstehung und das Leben!"

Die Stimme verstummte, weil der Rufer bewusstlos geschlagen wurde; manchmal kam sie gar nicht bis zum Ende, wenn die Schläger schneller in der Zelle waren und den Rufer vom Fenster zerrten. Aber weder die brutalen Schläge, die Hungerration, eine schwere Herzerkrankung noch die Einzelhaft brachten die Stimme zum Erliegen. Erst der Lagerarzt von Buchenwald tötete Paul Schneider durch eine Überdosis des Herzmedikaments Strophanthin.

Übereinstimmend bezeugten Buchenwald-Häftlinge, welch erschütternde, aufrichtende, mahnende und tröstende Wirkung diese morgendlichen Rufe hatten. Und es ist auch überliefert, wie sich die SS-Männer durch diese einfachen Bibelworte getroffen fühlten, wie sie die Wahrheit nicht aushielten.

Die Gedenkworte des Kommunisten Hasso Grabner sind ein bewegendes Zeugnis für den Mut und die Wirkung Paul Schneiders: „Unter all den tapferen, die bis in den Tod getreu waren, bist du nicht der letzte, Pfarrer Schneider, in Ehrfurcht und Bewunderung haben wir, deine Kameraden, die heroische Sittlichkeit deines Herzens empfunden. Wenn wir auch unter einem anderen Gesetz antraten zum Kampf gegen die faschistische Bestie, wenn wir auch die Erlösung von dem Übel nicht im Christentum sahen, sondern im Kampf um eine bessere Welt, so warst du uns doch ein Bruder und wir dir in brüderlicher Liebe zugetan. Deine Leiden waren unser aller Leiden, dein Tod unser aller tiefer Schmerz. Dein Liebe zur ganzen leidenden Menschheit, Deine Liebe zu den Erniedrigten und Beleidigten, deine Liebe zu all den namenlosen Helden und unschuldigen Opfern dieses wahnsinnigen Systems ließ Dich selbst zu einem Helden und Märtyrer werden. Dein unbeirrbarer Glaube an eine endgültige Gerechtigkeit verbot dir kategorisch jede Kompromisslösung, die dir die feigen faschistischen Henker, bezwungen von der gläubigen Standhaftigkeit deiner Seele, oft genug anboten. Wir haben es alle täglich gefühlt, dass es für dich keinen anderen Weg gab als in den Tod, und unsere Herzen sind in Stolz und Trauer mit dir gegangen. Und in Stolz und Trauer gedenken wir, die wir dem Sterben entronnen sind, heute deiner. So darf ich auch als Kommunist deinen Geschichte all denen erzählen, die Ohren haben zu hören."

Paul Schneider, der ins KZ gekommen war, weil er das für wahr Erkannte nicht verschwieg und weil er sich trotz Befehl nicht von seinen Gemeinden trennen wollte, für die er Verantwortung trug, ist zum Symbol für kompromisslosen Widerstand gegen das Böse geworden, der sich auf nichts anderes beruft als auf das Wort Christi.

∻ *Gustav Heinemann* ∻

* *Schwelm 23. Juli 1899, † Essen 7. Juli 1976. Rechtsanwalt, Politiker. Nach Besuch des Realgymnasiums 1917/18 Soldat; 1918–1923 Studium der Rechtswissenschaften, Volkswirtschaft und Geschichte; 1920 Beteiligung am Aufruf zum Generalstreik gegen Kapp; 1933–1939 Dozent für Bergrecht und Wirtschaftsrecht an der Universität Köln; ab 1933 Mitarbeit in der Bekennenden Kirche, in deren Synoden, im rheinischen Bruderrat; 1946–1949 Oberbürgermeister in Essen; 1949–1955 Präses der Synode der EKiD; 1949 Bundesinnenminister der ersten Adenauer-Regierung, 1950 aus Protest gegen Wiederaufrüstung zurückgetreten; 1969–1974 Bundespräsident.*

Als Gustav Heinemann am 1. Juli 1969 das Amt des Bundespräsidenten übernahm, schloss er seine Rede mit folgenden Sätzen: „Nicht weniger, sondern mehr Demokratie – das ist die Forderung, das ist das große Ziel, dem wir uns alle und zumal die Jugend zu verschreiben haben. Es gibt schwierige Vaterländer. Eines davon ist Deutschland. Aber es ist unser Vaterland. Hier leben und arbeiten wir. Darum wollen wir unseren Beitrag für die eine Menschheit mit diesem und durch dieses unser Land leisten." – Nicht zufällig benannte er in seiner ersten Rede als Präsident die Verantwortung der Jugend für Demokratie. Ein reichliches Jahr zuvor war bei Studentenunruhen Rudi Dutschke erschossen worden. Heinemann war damals Bundesjustizminister in der Regierung der großen Koalition. In einer Erklärung zum Attentat auf Rudi Dutschke begann Heinemann nicht mit Schuldzuweisungen oder Verurteilungen, sondern er stellte fest, „dass wir alle uns zu fragen haben, was wir selber in der Vergangenheit dazu beigetragen haben könnten, dass Antikommunismus sich bis zum Mordanschlag steigerte, und dass Demonstranten sich in Gewalttaten der Verwüstung bis zur Brandstiftung verloren haben.

Sowohl der Attentäter, der Rudi Dutschke nach dem Leben trachtete, als auch die elftausend Studenten, die sich an den Demonstrationen vor Zeitungshäusern beteiligten, sind junge Menschen.

Heißt das nicht, dass wir Älteren den Kontakt mit Teilen der Jugend verloren haben oder ihnen unglaubwürdig wurden? Heißt das nicht, dass wir Kritik ernst nehmen müssen, auch wenn sie aus der jungen Generation laut wird?"

Die Haltung, die sich in diesen beiden Reden ausdrückt, war kennzeichnend für Heinemanns Auffassung von der Bürgergesellschaft: In einem demokratischen Staat ist jeder verpflichtet, an der Ausgestaltung der Demokratie mitzuarbeiten und damit nach innen und nach außen zu wirken. Keine Generation, keine Klasse und auch keine Glaubensgemeinschaft ist im alleinigen Besitz der Wahrheit und des Rechts. Jemandem Freiheit zu gewähren heißt zugleich ihn zum verantwortlichen Gebrauch der Freiheit zu verpflichten. Dabei war Freiheit für Heinemann nichts Abstraktes. Sie müsse, damit sie real sei, sozial verankert sein. Das heißt, die Freiheit des Einzelnen muss nicht nur vor der Gewalt des Staates geschützt werden (wie es das Grundgesetz garantiert), sondern sie muss ebenso vor gesellschaftlicher und wirtschaftlicher Macht geschützt werden. Erst wenn neben das Recht auf Freiheit das Recht auf Gleichheit und auf Teilhabe trete, sah Heinemann den Schutz vor wirtschaftlicher und sozialer Ausbeutung gewährleistet. Der demokratische Staat war in Heinemanns Augen der erste Diener des Einzelnen bei der Durchsetzung und Gewährleistung der Menschenrechte. Deshalb bezeichnete sich Heinemann auch lieber als „Bürgerpräsidenten" denn als Bundespräsidenten.

Jochen Klepper

** Beuthen/Oder 22. März 1903, Selbstmord Berlin 11. Dezember 1942. Schriftsteller, Sohn eines Pfarrers, studierte 1922–1926 Theologie, brach das Studium ab, journalistische Arbeiten und erste Gedichtveröffentlichungen; als Mitarbeiter beim evangelischen Presseverband für Schlesien stellte er, wahrscheinlich als erster, evangelische Morgenandachten für den Rundfunk zusammen; heiratete 1931 Hanni Stein, eine jüdischen Witwe mit zwei Töchtern; unter den Nazis wegen dieser Ehe Verlust aller Anstellungen. Seine Bücher konnten nur mit Sondergenehmigungen erscheinen; großer Erfolg mit dem Roman „Der Vater" 1937; Selbstmord mit Frau und jüngerer Stieftochter.*

Während der letzten fünf Jahre seines Lebens hat Jochen Klepper an einem Roman über Luthers Frau Katharina von Bora und das erste deutsche Pfarrhaus gearbeitet. Das Buch sollte den Titel „Das ewige Haus. Die Geschichte der Katharina von Bora und ihres Besitzes" tragen. Katharinas Besitz sollte nicht in einem gesicherten Haushalt bestehen, sondern in ihrem wagenden Glauben und in ihrem Vertrauen: Dieser Glaube und dieses Vertrauen haben sie befähigt, das gesicherte Leben im Kloster aufzugeben. Dieser Glaube sollte ihr helfen, die Ehe mit Luther einzugehen und mit ihm ein Pfarrhaus zu führen.

Dass Beheimatung im Irdischen stets nur vorläufig sein kann, war eines der wichtigsten Themen in Kleppers Werk und Leben. Schon in seinem ersten Roman, „Der Kahn der fröhlichen Leute" von 1933 behandelt er das Schicksal eines Mädchens, dem noch vor der Konfirmation die Eltern sterben und dass allein für sich entscheiden muss. – In seinem Hauptwerk, dem großen Roman „Der Vater", 1937, erzählt und deutet Klepper das Leben des so genannten Soldatenkönigs Friedrich Wilhelm I. Nachdem dessen prunkliebender Vater gestorben war, nahm Friedrich Wilhelm das Berliner Stadtschloss in Besitz. „Es war nicht sein Haus," heißt es. „Das Schloss sollte bewohnbar und verwertbar werden." Am Beginn der Regentschaft stehen nicht nur die sofort einsetzenden rigorosen Einsparungen an Personal und Prachtentfaltung, sondern auch das Herrichten des Hauses, von dem aus der junge König regieren will. – Klepper selbst hat auf seine Wohnungen und Häuser stets große Sorgfalt verwandt. Aber er wusste, dass ein Haus nie der Inbegriff dauernder Bleibe und gesicherten Besitzes sein konnte. Zugleich erfreute er sich bis zuletzt an seinem „geliebten Haus mit allem Frieden, aller edlen Schönheit, warm und licht".

Jochen Klepper war bereits zu Lebzeiten ein bekannter Dichter. Einige seiner geistlichen Gedichte wurden vertont und in den evangelischen Gemeinden gesungen (z. B. das Adventslied „Die Nacht ist vorgedrungen", das Lied zur Jahreswende „Der du die Zeit in Händen hast"). Bis zu seinem Tod erschienen von dem Roman „Der Vater" 85 000 Exemplare, obwohl der Autor unmittelbar nach Erscheinen des Buches aus der Reichsschrifttumskammer ausgeschlossen und in offiziellen Buchhändlerzeitungen angegriffen wurde. – Klepper war mit einer Jüdin verheiratet. Deren ältere Tochter konnte nach Schweden fliehen. Als unumstößlich klar wurde, dass er die jüngere Tochter nicht vor dem Vernichtungslager würde bewahren können, nahm er sich mit seiner Frau und dieser Tochter am 11. Dezember 1942 das Leben. Die letzte Tagebucheintragung endet mit den Sätzen: „Wir sterben nun – ach, auch das steht bei Gott –. Wir gehen heute Nacht gemeinsam in den Tod. Über uns steht in den letzten Stunden das Bild des segnenden Christus, der um uns ringt. In dessen Anblick endet unser Leben."

∻ *Katharina Staritz* ∻

** Breslau 25. Juli 1903, † Frankfurt am Main 3. April 1953; Theologin; studierte in Breslau und Marburg zuerst Germanistik, Geschichte und orientalische Sprachen, später Theologie. 1938 wurde sie in Breslau ordiniert und von Pfarrern der Bekennenden Kirche als Stadtvikarin eingeführt. Am 12. September 1941 richtete sie ein Rundschreiben an die Breslauer Pfarrer mit der Bitte, sich der „nichtarischen Christen" anzunehmen und sie nicht aus den Gemeinden auszuschließen. 1942/43 war sie im KZ Ravensbrück inhaftiert, wo sie den mitgefangenen Frauen heimlich Seelsorgerin wurde. Nach dem Krieg arbeitete sie als Pastorin unter anderem in Frankfurt am Main.*

Am 5. September 1941 wurde im deutschen Reichsgesetzblatt eine Polizeiverordnung abgedruckt, wonach ab 19. September alle Juden einen gelben Stern sichtbar an ihrer Kleidung zu tragen hätten. Bereits am 12. September verfasste die Breslauer Vikarin Katharina Staritz einen Rundbrief und bat den stellvertretenden Dekan, ihn an die Breslauer Pfarrer weiterzuleiten. Katharina Staritz hatte in Breslau und Marburg Theologie studiert, über Augustinus promoviert und war seit 1933 als Stadtvikarin für Religionsunterricht, Frauenhilfe und Taufunterricht zuständig.

In ihrem Schreiben informierte sie die Pfarrer über das neue Gesetz. Auch zum Christentum übergetretene Juden waren zum Tragen des gelben Sterns verpflichtet. Viele von ihnen kannte Katharina Staritz aus dem Taufunterricht persönlich. Sie schrieb: „Es ist Christenpflicht der Gemeinden, sie nicht etwa wegen der Kennzeichnung vom Gottesdienst auszuschließen. Sie haben das gleiche Heimatrecht in der Kirche wie die anderen Gemeindeglieder und bedürfen des Trostes aus Gottes Wort besonders … Praktisch bitte ich zu erwägen, ob nicht die Kirchenbeamten, Gottesdienstordner usw. in geeigneter seelsorgerlicher Form anzuweisen wären, sich dieser gezeichneten Gemeindeglieder besonders anzunehmen, ihnen wenn nötig Plätze anzuweisen usw. Eventuell wären auch besondere Plätze in jedem Gotteshaus vorzusehen, jedoch nicht als Armesünderbank für die nichtarischen Christen, sondern um sie davor zu bewahren, von unchristlichen Elementen fortgewiesen zu werden. Damit das aber nicht als unevangelische Absonderung aufgefasst werden kann, ist es notwendig, dass treue Gemeindeglieder … auch auf diesen Bänken neben und unter den nichtarischen Christen Platz nehmen. Es ist auch zu überlegen, ob nicht wenigstens in der ersten Zeit diese gekennzeichneten Christen auf ihren Wunsch von Gemeindegliedern zum Gottesdienst abzuholen wären …“

Die Kirchenleitung distanzierte sich von ihrer Vikarin; sie wurde vom Dienst beurlaubt und aus Breslau ausgewiesen. Einzelne Pfarrer freilich wagten es, den Brief öffentlich zu verlesen. Von der Kirchenleitung im Stich gelassen, sah sich Katharina Staritz heftigen Angriffen der SS ausgesetzt. Sie ging nach Marburg zurück. Am 4. März 1942 wurde sie verhaftet und kam ins Frauenkonzentrationslager Ravensbrück. Dort wurde sie für viele Mitgefangenen zur Seelsorgerin. Heimlich legte sie die Bergpredigt aus, sprach Segensworte und ganze Bibelstellen. Wenn die gefangenen Frauen während der Freistunden in Fünferreihen durch das Lager liefen, ging Katharina Staritz in der Mitte, damit sie zu verstehen war, und hielt Andachten.

Völlig unerwartet wurde sie am 18. Mai 1943 entlassen. Noch Jahrzehnte später erzählten Mithäftlinge, wie Katharina Staritz sie getröstet und ermutigt habe.

Nach dem Krieg arbeitete sie als Pastorin, zuletzt in Frankfurt am Main. Mit nur fünfzig Jahren starb sie 1953.

∴ *Dietrich Bonhoeffer* ∴

** Breslau 4. Februar 1906, hingerichtet KZ Flossenbürg/Oberfranken 9. April 1945. Theologe. Sohn eines Professors für Nervenheilkunde, wächst in Berlin auf, Studium der Theologie in Tübingen; nach dem Ersten theologischen Examen Vikar der Auslandsgemeinde in Barcelona, nach dem Zweiten Examen Studienaufenthalt in den USA; ab 1931 Vorlesungen an der Berliner Universität; warnt am 1. Februar 1933 in einer Rundfunkansprache vor falschem „Führertum", stellt sich als erster evangelischer Theologe gegen den Boykott jüdischer Geschäfte; 1935 Leiter des Predigerseminars der Bekennenden Kirche in Finkenwalde/Pommern; nimmt 1939 Verbindung zum aktiven Widerstand auf, wird 1943 verhaftet.*

„Die Deutschen fangen erst heute an zu entdecken, was freie Verantwortung heißt. Sie beruht auf einem Gott, der das freie Glaubenswagnis verantwortlicher Tat fordert und der dem, der darüber zum Sünder wird, Vergebung und Trost zuspricht." Das freie Glaubenswagnis verantwortlicher Tat ist der Schlüssel zu Bonhoeffers Wesen. Er spricht klar aus, dass ein Christ bereit sein muss, alles zu opfern – auch seine Vernunft, seine Grundsätze, sein Gewissen, seine Tugend –, nur das nicht: Glaube und alleinige Bindung an Gott. Bonhoeffer war der festen Überzeugung, dass Christen im „Beten und Tun des Gerechten unter den Menschen" Verantwortung für die Welt wahrnehmen. Das war ihm Trost und Forderung zugleich.

Wahrheitsliebe, fernab aller Phrase, und Einsatz für die Gerechtigkeit sind ihm gleichsam als Familienerbe in die Wiege gelegt worden. Sie haben, verbunden mit seinen geistigen Gaben, zu seinen bedeutenden Leistungen im Bereich der dialektischen Theologie geführt. Von der „Sanctorum communio", der Lizentiatenarbeit des Einundzwanzigjährigen, über „Schöpfung und Fall" bis hin zur „Nachfolge" und zur Fragment gebliebenen „Ethik" sind seine Arbeiten für die folgenden Theologengenerationen von Bedeutung geworden. Und vieles im heutigem Leben der Kirche ist ohne ihn nicht zu denken.

Bonhoeffer ist ein lebenshungriger Mensch gewesen und hat das Schöne geliebt. Wille und Fähigkeit zum natürlichen gemeinsamen Leben haben ihn mehr zum Vorbild und Lehrer gemacht als seine wissenschaftliche Überlegenheit. Schon in „Sanctorum communio" schrieb er: „Es gibt eben nur eine Religion, in der der Gemeinschaftsgedanke wesenhaft mitgesetzt ist, und das ist die christliche." Diese Überzeugung hat zuerst jene Konfirmandenklasse vom Wedding erlebt, der er eine Wohnlaube schenkte. Das vermittelte er seinen Schülern vom Predigerseminar der Bekennenden Kirche, mit denen er musizierte und wanderte. Durch die ganze Unbedingtheit seiner Einstellung wurde Bonhoeffer mit innerer Notwendigkeit zum Widerstandskämpfer. Bereits 1933 verurteilte er die aufkommende Judenverfolgung und hielt das Schweigen der Kirche nach der Progromnacht für einen Sündenfall.

Zweimal schlug er die Möglichkeit aus, im Ausland Asyl und Wirkungskreis zu finden. Er wollte nicht ausweichen, und diesen Entschluss hat er bis in die letzten Tage nicht bereut. Noch im Jahr 1942 hat er es unternommen, unter gefahrvollen Umständen den ihm befreundeten Bischof George Bell von Chichester in Stockholm über die Lage in den Reihen des Widerstandes zu unterrichten.

Im Gefängnis waren Mitgefangene und Wärter vom tiefen Glauben dieses zuversichtlichen Christen beeindruckt. Als er aus seinem letzten Gottesdienst für die Gefangenen in den Tod geholt wurde, nahm er Abschied mit den Worten: „Das ist das Ende, für mich der Beginn des Lebens."

Marion Gräfin Dönhoff

** Schloss Friedrichstein bei Königsberg (Ostpreußen) 2. Dezember 1909, † Schloss Crottorf bei Friesenhagen 11. März 2002. Publizistin, Schriftstellerin. Anfangs von Hauslehrern unterrichtet, kommt sie nach einem schweren Autounfall nach Potsdam, wo sie 1928 als einziges Mädchen in einer Jungenklasse das Abitur ablegt; Reisen durch die USA und Afrika; 1931–1935 Studium der Volkswirtschaft, Promotion zur Dr. rer. pol. Verwaltung der Familiengüter; 1945 Flucht aus Ostpreußen; ab 1946 bis zu ihrem Tod bei der Hamburger Zeitung „Die ZEIT", 1968 Chefredakteurin, 1973 Herausgeberin; erhielt 1971 den Friedenspreis des Deutschen Buchhandels.*

Marion Gräfin Dönhoff ist 1909 auf dem Schloss ihrer Eltern in der Nähe von Königsberg geboren; auf dem Schloss ihres Neffen in der Nähe von Friesenhagen ist sie 2002 gestorben. Was aussieht wie ein Leben in Glanz und Geborgenheit, erweist sich als ungeschützt und gefahrvoll: Die unbeschwerte Jugend, zum großen Teil auf dem Rücken ihrer Pferde verbracht, endet 1924 mit einem lebensgefährlichen Autounfall. Sie kommt nach Potsdam, wo sie in einer Jungenklasse als einziges Mädchen das Abitur ablegt. Während des Studiums in Frankfurt am Main wird sie als rote Gräfin bezeichnet, weil sie gemeinsam mit kommunistischen Kommilitonen den aufkommenden Faschismus bekämpft. Über den Tag der Machtergreifung schreibt sie: „In diesem Augenblick stand das Kommende plötzlich deutlich vor mir. Diese Stiefel würden alles zertreten, was ich liebte und achtete." Ihre Voraussicht bewahrheitet sich auf tragische Weise: In den eisigen Januartagen 1945 flieht sie auf ihrem Fuchs Alarich vor der Roten Armee nach Westfalen an den Ort, von dem ihre Vorfahren 700 Jahre zuvor ausgezogen waren, um sich im Osten anzusiedeln. „Sieben Jahrhunderte ausgelöscht."

1946 kommt sie zur Hamburger Wochenzeitung „Die ZEIT". Bis in ihre letzten Lebenstage wird „Die ZEIT" ihre Heimat, ihre Lebensaufgabe. Sie will mithelfen, eine neue, gerechte, auf das Wesentliche ausgerichtete Welt aufzubauen. Diesem Ziel ist bereits der erste Artikel verpflichtet, den sie am 21. März 1946 veröffentlicht. Darin schreibt sie: „Opferbereitschaft, Heldentum, Ehre, Treue, das alles ist fragwürdig geworden, weil ein materialistisches Zeitalter diese Begriffe aus dem metaphysischen Zusammenhang, in dem allein ihnen Sinn zukommt, herausgelöst hat ... Notwendig ist die geistige Wandlung des Menschen." – Als ihr 1971 der Friedenspreis des deutschen Buchhandels verliehen wird, warnt sie: „In der Tat wird durch die totale Kommerzialisierung und technische Rationalisierung die Metaphysik und jedes den wirtschaftlichen Erfolg transzendierende Denken verdrängt." – Die Sorge, das Geistige, Menschliche könne in einer rein auf das Wirtschaftliche ausgerichteten Gesellschaft an Einfluss verlieren, bewegt sie mit zunehmendem Alter immer stärker. „Zivilisiert den Kapitalismus!" wird sie nicht müde aufzufordern.

Ihre größte, menschlich bewegendste Leistung besteht wohl darin, dass sie sich früh für die Aussöhnung mit dem Osten einsetzt. Sie unterstützt Willy Brandts Ostpolitik; aber als sie 1970 mit ihm zum Abschluss des deutsch-polnischen Vertrags nach Warschau reisen soll, sagt sie zwei Tage vorher ab. „Zwar hatte ich mich damit abgefunden, dass meine Heimat Ostpreußen endgültig verloren gegangen ist, aber selber zu assistieren, während Brief und Siegel darauf gesetzt werden und dann ein Glas auf den Abschluss des Vertrags zu trinken, das erschien mir plötzlich mehr, als man ertragen kann."

Elisabeth Kübler-Ross

** Zürich 8. Juli 1926, † Arizona (USA) 24. August 2004. Ärztin, Sterbeforscherin. Nach Medizinstudium in Zürich (Promotion 1957) widmete sie sich der Sterbeforschung. Ihr 1969 erschienenes Buch „On Death and Dying" (deutsch „Interviews mit Sterbenden") ist für die gesamte Medizin von bleibender Bedeutung. In diesen Interviews werden in beeindruckender und einfühlsamer Art und Weise die Bedürfnisse der Patienten, besonders der Sterbenden, ausgedrückt.*

Als 1969 das Buch „On Death and Dying" (deutsch „Interviews mit Sterbenden") von Elisabeth Kübler-Ross erschien, brach es ein Tabu oder, um mit den Worten der Autorin zu sprechen, holte es „das Sterben aus der Toilette". Tod und Sterben, die Ängste und die Verzweiflung der Sterbenden konnten nun thematisiert werden. Vor 1969 war es gängige Praxis, dass die Sterbenden in Krankenhäusern aus ihren Krankenzimmern geholt und in Badezimmer abgeschoben wurden, abgeschottet von Verwandten und Bekannten. Jetzt sollte das Sterben nicht länger verleugnet, sondern als Teil des Lebens, als wichtige Etappe der menschlichen Existenz begriffen werden.

Elisabeth Kübler-Ross benannte fünf Stadien, die Sterbende durchlaufen: Zuerst weigert sich der Patient, zur Kenntnis zu nehmen, dass er sterben muss; das könne ihm unmöglich jetzt schon widerfahren. In der zweiten Phase kommen Zorn und Wut dazu. Danach beginnt er zu feilschen; wenn er gläubig ist, mit Gott zu handeln. Die vorletzte Phase ist von Depression und Trauer gekennzeichnet. In der letzten nimmt er sein Sterben an, akzeptiert er das Ende seines Lebens.

Selbstverständlich durchläuft nicht jeder Sterbende alle fünf Stadien in dieser Reihenfolge; oft durchmischen sie sich auch. Aber es ist die Aufgabe von Sterbebegleitern, die unterschiedlichen Phasen wahrzunehmen und schließlich in Akzeptanz zu überführen.

Sterbebegleitung gibt es eigentlich erst, seit Elisabeth Kübler-Ross den Sterbeprozess in der eben angedeuteten Weise beschrieben hat. Ihre rund zwanzig Bücher sind das Ergebnis engagierter Forschung und vor allem geduldigen, kontinuierlichen Beobachtens und Begleitens. Wenn sie Sterbende begleitete, galt ihnen ihre ganze, ungeteilte Aufmerksamkeit: „Oft finden wir uns damit ab, dass ‚nichts getan werden kann', und richten unser Interesse mehr auf die Instrumente als auf den Gesichtsausdruck des Kranken, dem wir immer noch mehr entnehmen können als der leistungsfähigsten Maschine."

Elisabeth Kübler-Ross hat viele Menschen während des Sterbens begleitet, sie hat Hospize gegründet – und sich damit auch Gegner gemacht. So scheiterte der Plan eines Hospizes für aidskranke Kinder am Widerstand der Dorfbewohner: sie befürchteten Ansteckung. Die Farm von Elisabeth Kübler-Ross, auf der das Kinderhospiz entstehen sollte, wurde 1999 Opfer einer Brandstiftung. Daraufhin zog sie von Virginia nach Arizona.

Über ihren eigenen bevorstehenden Tod sagte sie, das sei wie in die Ferien fahren, und sie freue sich darauf.

∴ *Martin Luther King* ∴

* *Atlanta (Georgia) 15. Januar 1929, ermordet Memphis (Tennessee) 4. April 1968. Schwarzer amerikanischer Bürgerrechtler, Baptistenpfarrer. Nach Theologiestudium 1954 Prediger in Montgomery; entwickelte unter Gandhis Einfluss Methoden gewaltlosen Widerstands; organisierte Busboykott vom 5. Dezember 1955 bis 20. Dezember 1956, der zur Aufhebung der Rassentrennung in öffentlichen Verkehrsmitteln in Montgomery führte; 1957 Vorsitzender der Bewegung für den gewaltlosen Widerstand gegen Diskriminierung und Rassenhetze (SCLC); mehrmals inhaftiert; 1964 als unbestrittener Wortführer einer friedliche Rassenintegration mit Friedensnobelpreis geehrt; nach mehreren Mordanschlägen 1968 erschossen.*

Der amerikanische Baptistenpfarrer Dr. Martin Luther King ist in wenigen Jahren durch sein Wirken vielen Menschen in aller Welt bekannt geworden. Der Busboykott der schwarzen Bevölkerung in Montgomery (Alabama) vom Dezember 1955 bis Ende des Jahres 1956, den er zusammen mit Freunden und Mitarbeitern leitete, lenkte zum ersten Mal die Aufmerksamkeit auf seine Konzeption: Einsatz für die Rassengleichheit in den USA ohne Gewalt. Martin Luther King hatte erkannt, dass das Eintreten für die Gleichberechtigung der Rassen eine der bedeutsamsten Aufgaben der Christen ist und dass die Rassendiskriminierung in den USA ein Haupthindernis für ein friedliches Zusammenleben der Menschen darstellt. – Er hatte alle Voraussetzungen für eine glänzende wissenschaftliche Laufbahn, er war ein guter Redner, geschickter Organisator und stets voller Ideen. Aber er setzte alle Gaben und Kräfte für ein besseres Leben der Schwarzen ein. Er hoffte, die Haltung der Weißen gegenüber den Schwarzen, der Schwarzen gegenüber den Weißen und der Schwarzen untereinander zu verändern. Der feste Grund seines Handelns war die Bergpredigt. Methodisch hatte er von der Gewaltlosigkeit Gandhis gelernt: gewaltloses Handeln – nicht Resignation, aktive Liebe – nicht Mitleid, Einsatz aller Kräfte für die Gleichberechtigung der Rassen – nicht abwartendes Hinnehmen des Status quo. – Martin Luther King hat sein Leben für die Gerechtigkeit unter den Rassen eingesetzt und mit seinem Leben bezahlt. Er hatte erkannt – und lebte danach –, dass Glaube Einsatz fordert. So waren alle seine Reden und Predigten Aufrufe, mit dem Wort des Evangeliums Ernst zu machen und Konsequenzen für den Alltag daraus zu ziehen. Seine Ansprachen waren anschaulich und konkret und forderten zum Engagement heraus. Die zahlreichen Protestmärsche in den USA, die er leitete, sein persönlicher Einsatz bei Aufklärungs- und Aktionsprogrammen für das gewaltlose Vorgehen der Schwarzen, sein Zeugnis durch wiederholte Inhaftierung, seine Reden und Bücher haben die schwarze Bevölkerung in Bewegung gebracht. Martin Luther King hat vielen Schwarzen Selbstbewusstsein vermittelt und manchen Schritt auf dem Weg zum besseren Zusammenleben der Menschen verschiedener Hautfarbe in Amerika getan. Andere schwarze Bürgerrechtskämpfer haben ihm sein Eintreten für das Zusammenleben von Schwarzen und Weißen als Schwäche ausgelegt und darin eine Behinderung ihres Ziels gesehen, die Vorherrschaft der Weißen in den USA zu beseitigen. Martin Luther King aber suchte nach neuen schöpferischen Wegen, Strukturen für das Miteinanderleben der Menschen zu schaffen, die zur Versöhnung führen können. – In seiner Rede zur Entgegennahme des Friedensnobelpreises 1964 erklärte er: „Gewalt als ein Mittel zur Erringung der Rassengleichheit ist sowohl unzweckmäßig als auch unmoralisch. Sie löst kein soziales Problem, sie erzeugt nur neue und kompliziertere."

∴ *Dorothee Sölle* ∴

** Köln 30. September 1929, † Göppingen 27. April 2003. Theologin, Lyrikerin. Studierte Theologie, Klassische Philologie, Germanistik und Philosophie; 1968 Mitinitiatorin des Politischen Nachtgebets in Köln; 1975–1987 Professur für Systematische Theologie am Union Theological Seminary in New York City; anfangs von Kierkegaard und Nietzsche (Gott-ist-tot-Theologie), später stärker von der lateinamerikanischen Befreiungstheologie geprägt; Wortführerin der Politischen Theologie in Deutschland sowie der feministischen Theologie; enge Beziehungen zur Mystik; ihre Gedichte verstand sie als „Gebrauchslyrik“; sie wurde unter anderem mit dem Droste-Preis 1982 ausgezeichnet.*

Mystik und Politik, Nüchternheit und Poesie: das sind die Pole, zwischen denen sich Leben und Wirken Dorothee Sölles bewegte. Dabei hört sich „Pole“ so entgegengesetzt an, so unerreichbar füreinander. In Dorothee Sölle aber war alles vereint. Sie hat nicht nur vor den Einseitigkeiten gewarnt, sondern sie hat mit ihrem Verhalten und Handeln zur Vielfalt ermutigt.

Die engste Zusammengehörigkeit, das tiefste Einssein sah sie in der Mystik verwirklicht. „Ich bin immer tiefer davon überzeugt, dass die radikalste Begründung der menschlichen Würde die Erfahrung des Einsseins mit Gott darstellt. Und diese Erfahrung des Einsseins mit Gott ist Mystik!“ Bei aller Unterschiedlichkeit etwa jüdischer, christlicher und muslimischer Traditionen erkannte Dorothee Sölle in ihnen allen diesen Grundgedanken. Die Mystik verwandle das Gehorsamsverhältnis zu Gott in ein Liebesverhältnis. Alle Gebote, alle Mahnungen an den Menschen werden unnötig, weil sich der Mensch in Liebe Gott nähere.

In der Politik hingen Innen- und Außenpolitik für sie immer eng zusammen, ebenso wie sie einen Zusammenhang zwischen „Gewalt von oben“ (das heißt Militärgewalt, Industriegewalt, Umbruch der Landschaften) und „Gewalt von unten“ oder, wie sie es auch nannte „Gewalt von innen“, sah. Gewalt von innen ist Gewalt größerer Kinder gegen kleinere Kinder, Gewalt gegen Ausländer und Gewalt an Schulen. In der Gewalt von „Jugendlichen, die einfach nicht mehr rational gebildet sind,“ erkannte sie ein für Deutschland neues Phänomen, auf die die bürgerlichen Reaktionen (Lichterketten etwa) völlig unzureichend erschienen, so lang die Gewalt von oben bestehen bleibe und der Zusammenhang geleugnet werde.

Diese Zusammenhänge zu erkennen bedarf es wacher Nüchternheit; sehen, was geschieht, und sich nichts vormachen, den eigenen Schmerz, das eigene Unverstehen darüber aushalten. Und dann doch die Konsequenzen ziehen: sich politisch einmischen mit dem, was einem zur Verfügung steht. Das können politische Gebete sein oder konkreter Einsatz für die Rechte von Frauen und Kindern. Das kann weltweite Solidarität sein und der Aufstand gegen die Benachteiligungen der Ostdeutschen nach 1990. – Und die Poesie? Dorothee Sölle hat selbst Gedichte geschrieben. „Die Verdrängung der Poesie aus dem öffentlichen Leben“ hat sie ein „furchtbares Ereignis“ genannt, das mit der Verdrängung der Religion zusammenhänge. Beides werde von einem technizistischen, machtbesessenen Geist für überflüssig erklärt.

Ihren Enkeln hat sie drei Dinge ans Herz gelegt, die sie nicht aufgeben sollten: loben, singen, beten. Alles nichts vordergründig Nützliches. Aber alles Lebensäußerungen, die den Tag reicher machen, und die vor allem Verbindungen herstellen: Verbindungen zu sich selbst, zum eigenen Inneren; Verbindungen zu den Menschen neben mir; und Verbindungen zu Gott.

Regine Hildebrandt

* Berlin 26. April 1941, † Woltersdorf bei Berlin 26. November 2001. Biologin, Politikerin. Studierte an der Humboldt-Universität Berlin, promovierte und arbeitete bis 1990 vorrangig auf dem Gebiet der Diabetesforschung und -therapie; engagierte sich 1989 in der Bürgerbewegung „Demokratie jetzt" und trat im Oktober 1989 der neugegründeten Sozialdemokratischen Partei der DDR bei. Nach der ersten freien Volkskammerwahl der DDR wurde sie im April 1990 Ministerin für Arbeit und Soziales; im Herbst 1990 Ministerin für Arbeit, Soziales, Gesundheit und Frauen im Bundesland Brandenburg. Mit der größten Mehrheit aller Kandidaten wurde sie im September 1990 in den erweiterten Bundesvorstand der SPD gewählt.

„Ich bin überhaupt nur wegen Ostdeutschland in der Politik. Aus anderen Gründen hätte ich dafür überhaupt kein Interesse ... Ick muss jar nischt! Ich bin jetzt nur tätig, um zwischen Ost und West und West und Ost zu vermitteln", erklärte Regine Hildebrandt im Februar 2000 einer Journalistin.

Zwischen Ost und West zu vermitteln, war Regine Hildebrandt tatsächlich ein persönliches Anliegen: Sie war in der Bernauer Straße in Berlin aufgewachsen, unmittelbar an der Sektorengrenze. Als im August 1961 die Mauer durch Berlin gebaut wurde, wurde die Hausfassade Bernauer Straße 2 zur Mauer. Ganz kurze Zeit habe sie mit dem „Kopf im Westen und mit dem Hintern im Osten" gelebt. Ganz kurze Zeit deshalb, weil die Familie bereits am 19. August das Haus verlassen musste – Zwangsumzug. Bald musste die Familie Hildebrandt auch die neue Wohnung verlassen und eine Wohnung weiter weg von der Mauer beziehen. Regine Hildebrandt hat sich mit der Teilung Deutschlands, mit der Teilung Berlins und mit der Teilung der Familien, Freundeskreise und Kirchengemeinden nie abgefunden. Und als nun 1990 die äußeren Trennungen überwunden waren, setzte sie sich unermüdlich für Vermittlung „zwischen Ost und West und West und Ost" ein. – Dabei lag ihr Ostdeutschland besonders am Herzen. Sie und ihr Mann haben die DDR, als die Möglichkeit dazu bestand, nicht verlassen. „Wir waren sehr beständig. Man war an eine Stelle hingestellt, machte aus der Situation das Beste, fühlte sich für andere mitverantwortlich. Und man fragte nicht dauernd, ob es einem da besser geht oder dort." Und wie sie sich zu DDR-Zeiten für ihre Mitbürger verantwortlich gefühlt hatte, so fühlte sie sich nach 1989 ebenfalls für ihre ostdeutschen Mitbürger verantwortlich. – Noch zwei andere Züge ihres Charakters werden an dem eingangs wiedergegebenen Statement deutlich: ihre unverblümte Sprache und ihre innere Unabhängigkeit. Sie passte ihre Sprache nicht dem Politjargon an, sondern sagte, was sie dachte und für richtig hielt. Und das drückte sie in einfachen Worten aus. Regine Hildebrandt war eine Politikerin, die jeder verstanden hat und von der jeder wusste, dass sie so redet, wie sie denkt und empfindet. – Sie bekräftigte deutlich ihre innere Unabhängigkeit: Sie musste „jar nischt"; sie musste nur das, was sie selber wollte, sie ließ sich nicht vor irgendeinen Karren spannen. Sie hat sich auch als Ministerin die Zeit genommen, in der Berliner Domkantorei mitzusingen. Und sie ist nicht in der Brandenburger Landesregierung geblieben, als es zu einer großen Koalition zwischen SPD und CDU kam. Da sie damit nicht einverstanden war, gab sie ihren Posten als Ministerin auf.

Die Übereinstimmung von Reden und Handeln haben Regine Hildebrandt glaubwürdig gemacht und auch ihren politischen Gegnern Achtung abverlangt. Ebenso hat ihr die Offenheit, mit der sie sich zu ihrer Krebserkrankung bekannte, der sie schließlich erlag, viel Respekt eingetragen.

∴ *Johannes Rau* ∴

** 16. Januar 1931 in Wuppertal-Barmen, † 27. Januar 2006 in Berlin. Sohn eines Kaufmanns und Predigers der evangelisch-reformierten Gemeinde. Buchhändlerlehre, 1954–1967 Leiter eines evangelischen Jugendbuchverlags, 1957 Eintritt in die SPD, 1958–1999 Mitglied des Landtags von Nordrhein-Westfalen, seit 1958 berufenes Mitglied der Synode und stellvertretendes Mitglied der Leitung der Evangelischen Kirche im Rheinland; 1969/70 Oberbürgermeister von Wuppertal, 1970–1978 Minister für Wissenschaft und Forschung des Landes Nordrhein-Westfalen, 1978–1998 Ministerpräsident von Nordrhein-Westfalen, heiratete 1982. 1999–2004 Bundespräsident, Verzicht auf zweite Amtszeit.*

AUF JOHANNES RAUS TODESANZEIGE STAND, SEINEM WUNSCH ENTSPRECHEND, ein Satz aus dem Matthäus-Evangelium: „Dieser war auch mit dem Jesus von Nazareth." Derselbe Satz steht auf dem Grabstein seines Vaters.

Zuerst ist dieser Satz ein Bekenntnis: wer ihn auf sich bezieht, zählt sich zum Jüngerkreis Jesu. Und zum anderen belegt er, dass sich der Sohn der vom Vater überkommenen Tradition verbunden fühlt.

Schon als Zwanzigjähriger hatte er formuliert: „Meine Eltern haben ihre Ehe ganz unmodern begonnen. Sie haben nicht nur nach ihrer Liebe, sondern auch nach dem Willen Gottes gefragt, weil er der Vater über alle Familien ist ... Wenn ich einmal Familie habe, wird manches anders sein ... Aber ich werde nicht jenes Wort aus meinem Vokabular streichen, das meine Eltern manchmal brauchen: ‚So Gott will.'"

Der Vater war Kaufmann und Prediger der evangelisch-reformierten Gemeinde. Er starb mit 55 Jahren. Johannes, das dritte von fünf Kindern, ein sechstes wurde adoptiert, brach das Gymnasium ab und begann eine Buchhändlerlehre. Von 1954 bis 1967 leitete er einen evangelischen Jugendbuchverlag und ging danach, gefördert von Gustav Heinemann, in die Politik. Bereits 1952 war er aus Protest gegen die Wiederbewaffnung der Bundesrepublik in die von Heinemann mitbegründete Gesamtdeutsche Volkspartei eingetreten. Nach deren Auflösung folgte er Heinemann 1957 in die SPD und bekleidete fast alle Posten, die Parteien zu vergeben haben. Er war Vorsitzender der SPD-Fraktion im Landtag von Nordrhein-Westfalen, Oberbürgermeister von Wuppertal, Wissenschaftsminister und Ministerpräsident von Nordrhein-Westfalen und schließlich Bundespräsident.

In seiner Antrittsrede als Bundespräsident erklärte er: „Ich selber schöpfe Zuversicht und Kraft aus dem christlichen Glauben, der mir Trost und Hoffnung ist im Leben und im Sterben. Gleichzeitig habe ich Respekt vor allen, die ihr Leben auf andere Fundamente gründen."

Was sich bei anderen wie eine fromme Floskel anhören könnte, wurde bei Johannes Rau durch sein Leben beglaubigt, durch die Art, wie er mit Menschen umging. Er nahm tatsächlich am anderen Anteil und konnte zuhören. Er war am Ausgleich interessiert und an der Aussöhnung, auch zwischen den Völkern. Als erster deutscher Bundespräsident sprach er vor dem polnischen und dem israelischen Parlament, jeweils auf deutsch. Dass dies möglich war, war freilich auch das Ergebnis der Versöhnungsarbeit seiner politischen Vorgänger. Aber es war auch das Ergebnis von Johannes Raus eigenen Bemühungen.

Zu seiner Menschenfreundlichkeit gehörten seine Treue und sein Humor. Gelegentlich wurde er wegen seiner Bekenntnisses zu Christus herablassend als „Bruder Johannes" bezeichnet. Die ihn damit lächerlich zu machen glaubten, wussten nicht, dass es für einen Politiker mit seinem Selbstverständnis keinen ehrenvolleren Namen geben konnte.

Nachweis der Bildrechte

dpa-Bildarchiv: Ulrich von Hutten (© dpa-Bilderdienste), Thomas Müntzer (picture alliance/akg-images), John Knox (picture alliance/akg-images), Johannes Calvin (picture alliance/akg-images), Friedrich Gottlieb Klopstock, Amalie Sieveking (picture alliance/akg-images), Theodor Fliedner (picture alliance/akg-images), John Raleigh Mott, Karl Barth, Paul Schneider, Jochen Klepper (picture alliance/akg-images), Elisabeth Kübler-Ross, Regine Hildebrandt (© Berlin Picture Gate)

akg-images: Gustav II Adolf, Katharina Zell, Martin Luther King, Evangelischer Frauenverband (bei Elisabeth Malo)

ullstein bild: Katharina von Bora, Johannes Kepler, Heinrich Schütz, Paul Gerhardt, Philipp Jacob Spener, Isaac Newton, Gottfried Wilhelm Leibniz, August Hermann Francke, Georg Friedrich Händel, Nikolaus Ludwig Graf von Zinzendorf und Pottendorf, John Wesley, Immanuel Kant, Matthias Claudius, Johann Gottfried Herder, Friedrich Daniel Ernst Schleiermacher, Ernst Moritz Arndt, Carl Friedrich Schinkel, Johann Hinrich Wichern, Florence Nightingale, Friedrich von Bodelschwingh, Adolf von Harnack, Ricarda Huch, Ernst Barlach, Albert Schweitzer, Rudolf Alexander Schröder, Otto Dibelius, Elsa Brändström, Heinrich Grüber, Gustav Heinemann, Marion Gräfin Dönhoff

epd: Katharina Staritz, Dietrich Bonhoeffer (epd/Gütersloher Verlagshaus)

corbis: Nathan Söderblom

Stadtgeschichtliches Museum Leipzig: Johann Sebastian Bach

Evangelisches Medienhaus Stuttgart: Theophil Wurm

Büro des Bundespräsidenten a. D.: Johannes Rau

Zum Autor

Jürgen Israel, Jahrgang 1944, ist Germanist, Altertumswissenschaftler und Autor zahlreicher Veröffentlichungen. Er lebt als freier Publizist und Autor bei Berlin.